울숭도, 거대한 상실

낙동강 하구 30년 막개발 탐사

을숙도, 거대한 상실

박창희 지음

페이퍼로드
paperroad

한 여자

그 섬에서는 새들이 '을숙을숙' 운다고 한다. 바람부는 날이면 '으슥으슥', '으샤으샤' 하는 소리로 들리기도 한다. 그게 우는 소리인지, 우짖는 건지, 지저귀는지, 시위하는지는 아무도 모른다. 새에 대해선 조류박사들도 아는 것 보다 모르는 게 더 많다.

을숙을숙~ 으샤으샤~. 조용히 귀 기울여 들어보면 이 소리에는 새들의 포한(抱恨)이 배어 있다. 포한의 우짖음은 인간이 악을 쓰고 새들의 터전을 잠식할 때 더 강하게 표출된다. 우짖음이 갈댓잎을 스치고 바람결에 스며들어 바스러질 때, 새들은 또 '을숙을숙~ 으샤으샤' 하고 운다.

새들이 사는 섬에 한 여자가 산다. 강에 반쯤, 바다에 반쯤 몸을 맡기고 사는 여자다. 자연의 품 안에서 스스로 품이 되어 새들을 거두고 물고기를 기르며 낮게 젖은 갯벌에 맨발을 담근 채 강처럼 바람처럼 사는 여자다.

강과 바다가 만나는 하구(河口), 경계 아닌 경계, 섬 아닌 섬이 여자의 거처다. 이곳에서 여자는 만남과 이별을 말하고, 사랑과 배반, 전쟁과 평화, 사람의 길과 자연의 길에 대해 조곤조곤 이야기한다. 여자의 이름은 을숙(乙淑)이다. 을숙도가 그녀의 거처다.

여자의 섬 바로 위에 지금은 사라진 남자의 섬 하나가 있었다. 수로와 갈대숲, 적당한 경작지가 공존하던 운치 그득한 모래섬이었다. 섬 이름이 일웅(日雄)이다. 얼굴이 검게 그을린 씩씩한 남자아이를 연상했다면 제대로 짚었다. 1,300리를 흘러온 낙동강물이 하구에 이르러 처음으로 수인사를 나누는 지점이 일웅의 거처다. 재첩이 세상의 아침을 먹여살리던 시절, 일웅은 사랑받는 섬이었다. 이 섬에서 요산 김정한의 소설 〈모래톱 이야기〉가 태어난 것은 우연이 아니다.

을숙과 일웅이라……. 이름들이 재미있네, 결혼시켜버릴까? 호기심 많은 사람들이 작당을 하고, 두 섬은 마침내 결혼을 한다. 원치 않는 결혼이 불행의 씨앗임을 몰랐던 걸까. 중장비가 동원되어 두 섬이 맞붙게 되고 그 자리에 산업도로가 뚫렸다. 하구는 거대한 둑에 막혔다.

을숙도와 일웅도. 자웅 따로 였던 두 섬이 결합되고부터 을숙도란 이름만 남고 일웅도는 잊힌 존재가 됐다. 몸집이 불어난 을숙도는 하굿둑 아래에 콘크리트 호안으로 방호벽을 만든다. 을숙도의 동편 외곽선이 선명하게 그어졌다.

새(乙)가 울고 물이 맑은(淑) 섬, '을숙.' 개발 세기의 삽날을 온몸으로 감당하며 역경 속에 선 여자. 어느 날 섬 아닌 섬이 된 여자. 섬이라고 하니 외로워진다. 섬은 외로움을 감당하는 눈물겨운 존재다. 외로워서 새들을 불러 모으고 갈대를 친구 삼으며 강과 바다의 이야기를 쏟아놓는다.

그런데 이제 외로워할 것도, 눈물겨워할 것도 없다. 그 섬은, 오래 전에 둑에 막히고 다리가 놓여 육지로 편입돼 버렸기에. 지금부터 하게 될 을숙도 이야기는 전설이 아닌 실화다. 신이 내린 축복의 땅이자 동양 최고의 철새도래지였던 곳에서 일어난 비극, 실낙원(失樂園)에 대한 것이다.

승학을 타다

승학산(乘鶴山)을 오른다. 학이 나는 듯 산세가 준엄하고 기세가 우렁차다는 산이다. 을숙도를 조망하자면 승학(乘鶴)은 필수 조건이다. 그래, 학을 타 보자.

부산 사하구 당리동 제석골(帝釋谷)로 들어간다. 승학산 등산로 들머리다. 제석은 불교의 제석천왕(帝釋天王)을 일컫는다. 도리천에서 우주를 관장한다는 천왕이다. 승학이란 이름과 무관하지 않은 것 같다.

등산로가 가파르다. 사위가 어두워진다. 넘어가는 해를 잡아야 한다. 갈 길은 바쁘고 발길은 무겁다. 40여 분을 내쳐 오르자 안부(鞍部)다. 말안장 같은 억새 능선길. 시원한 바람이 불어온다. 해가 서산마루에 걸려 꼴깍꼴깍 한다.

드디어 정상. 탄성이 절로 터진다. 발 아래로 부산 서구–사하구의 해안선과 시가지가 그림처럼 펼쳐져 있다. 눈을 돌리니 광활한 낙동강 하구와 드넓은 김해평야가 한눈에 잡힌다. 낙동강 하구의 풍광은 장엄하다못해 경이롭다. 하단과 을숙도, 명지, 신호·녹산 산업단지, 그리고 부산 신항과 가덕도가 파노라마처럼 흐릿한 실루엣으로 다가온다. 눈앞에 수많은 학이 강과 바다를 오가며 휠휠 날아다니는 것 같다. 정상에 세워진 비석의 글귀가 예사롭지 않다. '학이 하늘에서 우니 온 세상에 퍼진다(鶴鳴于天聲聞四海).'

낙조가 폭발 직전의 용암 덩어리 마냥 붉게 타오른다. 대장엄 낙조 교향곡이 피날레를 향하고 있다. 강과 바다에서 맵찬 바람이 불어온다. 이마가 저릿하고 가슴이 서늘하다. 빛과 어둠이 서로를 집어삼키려 맹렬하게 엉겨든다.

가덕도 뒤편의 먼 하늘에서 비행기가 김해공항을 향해 고도를 낮추며 다가온다. 을숙도 상공에서는 고도가 한층 낮아져 눈 아래에서 비행기가 날아간다. 승학산 정상이 해발 496m이니 아마 고도가 300~400m 정도 될 듯하다.

스스로 고도를 낮추는 비행 물체가 승학을 더욱 고고하게 만든다. 하늘을 나는 비행기를 위에서 굽어보다니. 비행기가 발아래에서 날고 있다니.

수갑 찬 을숙도

붉게 타오르는 낙조 속에 을숙도의 형상이 완벽하게 드러난다. 을숙도의 아랫도리가 밀물에 발갛게 젖어들고 있다. 을숙도 속으로 물길이 핏줄처럼 퍼져 있다. 군데군데 둥그런 웅덩이가 있다. 웅덩이는 숨 쉬는 허파 같다. 살아 숨 쉬는 심장이 저럴까.

낙조에 휩싸여 을숙도가 기묘한 형상을 연출한다. 꿈틀대는 모습이 숫제 한 마리 물고기다. 아니 주둥이가 뾰족하고 가슴에 지느러미가 달린 왕갈치 또는 대왕 새우다. 무슨 소리? 고래구면. 저 엄청난 덩치를 보소. 고래가 아니라면 어떤 바닷고기가 저리 큰가? 아니야, 저건 조개야! 낙동강의 오랜 물공격을 받아 형성된 대왕 조개. 하고 보니 생김새가 흡사 자궁(子宮)이군. 낙동강이 배태한 거대한 생명주머니. 자세히 보니 여자의 음부(陰部) 같아. 자궁을 뚫고 양수(羊水)가 비치는구면. 출산할 때 흘러나와 태아의 분만을 돕는 생명의 잉태수 말이야. 어머니가 제 사타구니를 벌려 자식을 낳듯, 낙동강이 수수백 년 흐르면서 스스로 만든 퇴적지형인 게지. 대자연의 작품이란 말이지.

양수 같은 생명주머니의 허리춤에 벨트가 지나간다. 일웅도를 을숙도에 갖다 붙여 도로와 함께 건설한 낙동강 하굿둑이다. 이로 인해 을숙도는 꼼짝 못하게 포박된 형국이다. 하굿둑에 갇힌 강은 거대한 호수다.

아래쪽에 또 다리가 놓였군. 명지대교로군! 사하구 장림에서 강서구 명지 쪽으로 거대한 다리가 휘어진 모습으로 이어져 있다. 마치 거대한 '활시위'가 당겨진 모습이다. 누구를 쏘려고 저러나? 새들이 하늘에서 보면, 자기들을 쏘는 활로 착각할 것도 같다. 다리가 활처럼 휘어진 것은 새들의 땅을 한 치라도 지키려는 보존군(환경단체들)의 요구를 개발군(부산시와 시공사)이 일부 수용한 결과다. 타협의 결과가 다소 우스꽝스럽다.

하굿둑과 명지대교는 을숙도를 꼼짝달싹하지 못하게 묶는 이중 수갑이다. 하굿둑이 을숙도의 허리를 묶었다면 명지대교는 아랫도리를 조르는 형국이다. 하나의 수갑을 채우고 형기를 채웠으면 풀어줘야지 또 다른 수갑을 채우다니.

저건 어디까지나 겉모습이고 속은 더 아프다. 속이 썩어간다. 을숙도가 받아 안은 쓰레기 때문이다. 을숙도가 당한 능욕, 새들은 그날을 어떻게 기억할까.

1

새들의 에덴

알비와의 재회

　2009년 4월 3일 낙동강 하구 신호갯벌. 25배율의 필드스코프(망원경)에 덩치 큰 도요새 한 마리가 빨려 들었다. 긴 다리와 끝이 휘어진 긴 부리. "큰뒷부리도요닷!" 부산의 습지전문 환경단체인 '습지와 새들의 친구(Wetlands & Birds Korea, 약칭 습새)' 이동성물새조사단의 박중록 대표가 흥분을 주체하지 못하고 조용히 내뱉었다. 박 대표는 동공을 한껏 키워 필드스코프에 나타난 새를 유심히 관찰했다. 여느 새와 다르게 다리에 감긴 몇 개의 표식(링)이 보였다. "앗, 저건! 이런 반가운 친구가!" 박 대표의 심장이 놀라움으로 쿵쾅거렸다.

　'알비(4YRBY)'라 명명된 이 새는 1년 전에도 낙동강 하구 신호갯벌에서 발견된 적이 있다. 1년 후 같은 장소에 똑같은 모습으로 다시 나타났으니 놀라움 반 반가움 반이다. 박 대표는 자신의 관찰기록을 정리해 '믿을 수 없는 재회! - 뉴질랜드서 출발한 큰뒷부리도요 알비 다시 낙동강 하구에 도착!'이란 제목의 보도자료를 냈다.

　"놀라운 일이었죠. 이 도요새가 1만km에 이르는 먼 거리를 날아오는 것도 믿기 어렵지만, 작년에 찾아왔던 그 장소로 다시 돌아왔으니 얼마나 신기합니까. 얄비와의 재회는 새들의 놀라운 이동능력을 확인시키면서, 도요새의 이동에 있어 한국의 갯벌이 중간 기착지로서 얼마나 중요한 역할을 하는지를 잘 보여주는 사례입니다."

부산 대명여고에서 생물을 가르치는 박 대표는 낙동강 하구에 빠져 새들을 집중 관찰, 조사해온 현장 연구자다. 10년 넘게 새와 끈질기게 씨름한 대가로 '새박사'란 별칭과 함께 을숙도 지킴이란 무관의 훈장을 얻었다.

얄비의 발견─재회는 일반적 표식조사 이상의 정보 가치가 있다. 같은 새가 1년 만에 같은 장소에 나타났다는 것은 철새 이동경로(flyway)는 물론 머무는 기간, 먹이습성 등을 알려주는 살아 있는 정보가 되기 때문이다.

얄비가 낙동강 하구에 처음 나타난 것은 2008년 4월 20일 전후. 발견 당시 발가락에 독특한 링을 차고 있었다. 흰색 가락지에는 '4YRBY'라는 개체 식별기호가 적혀 있었다. 알고 보니 뉴질랜드에서 철새 이동경로를 연구 중인 제세 콘클린이란 학자가 보낸 것으로 확인됐다.

"큰뒷부리도요는 봄가을에 우리나라를 찾아오는 나그네새입니다. 우리가 4월 20일 녀석의 흰색 가락지를 발견하고 철새네트워크를 통해 뉴질랜드로 연락했더니 공교롭게도 가락지 채운 사람이 확인된 겁니다. 제세 콘클린(Jesse Conklin)이란 조류연구자였죠. 추적

유색 가락지를 찬 얄비가 뉴질랜드 해변에서 노닐고 있
다. 얄비는 낙동강 하구에서 1년 만에 다시 발견됐다.
같은 새가 1년 만에 같은 장소에 나타났다는 것은 철새
이동경로(flyway)는 물론 머무는 기간, 먹이습성 등을 알
려주는 살아 있는 정보가 된다.

을 해보니 뉴질랜드에서는 4월 2일 전후 출발해 7~8일간을 날아 낙동강 하구에 도착해 머무는 것이 우리 눈에 관찰된 것입니다. 낙동강 하구에서는 약 30일간 머물다 알래스카로 날아간다는 것도 이번에 알았습니다."

박 대표의 설명을 종합해보면 이렇다. 뉴질랜드의 조류학자 제세는 뉴질랜드 북섬의 마나와투강 하구에서 월동하는 큰뒷부리도요 한 마리를 붙잡아 링 가락지에 '4YRBY'라는 표식을 해서 날려 보낸다. YRBY는 발에 찬 가락지의 색인 Yellow, Red, Blue, Yellow의 첫 글자를 딴 것이며, 개체 식별을 위해 국가별 플랙에 별도의 링을 채운 것이다.

이 녀석이 뉴질랜드에서 사라진 것이 4월 4일 전후(아마 이때 장거리 비행에 돌입한 것으로 추정). 제세는 얄비가 사라지자, 뉴질랜드 출발 직전의 사진과 함께 출발 사실을 한국에 알리면서 혹시 나타나면 연락해 달라는 메일을 보냈다. 낙동강 하구에 날아든 수많은 도요새들 중 녀석이 발견된 것은 조사 관찰자의 부지런함도 있었겠지만, 연구자의 행운이다. 그후 얄비가 낙동강 하구에서 최종 관찰된 시기는 5월 18일 전후. 그러니까 약 한 달가량 머물다 떠난 셈이다.

큰뒷부리도요는 '지구촌의 방랑자'로 불릴 정도로 '가장 높이 멀리 나는' 철새다. 2007년 초 미국 지질조사국(USGS)은 큰뒷부리도요 암컷 7마리에 위성 송신 무선 추적장치를 달아 실시간 이동경로를 추적했다. 연구 결과, 위성추적장치를 단 6마리는 3월과 5월 사이 뉴질랜드를 출발, 6~7일간을 날아 우리나라 서해로 이동했다. 대

낙동강 하구에서 발견된 얄비.

부분 논스톱 비행이었다. 이 새들은 그후 번식지인 극동 시베리아, 알래스카로 비행을 계속했으며, 가을철 다시 태평양을 지나 남쪽으로 이동했다. 이 중 'E7'으로 명명된 큰뒷부리도요는 여정의 전체 기록을 고스란히 남겨 철새 연구자들을 흥분시켰다.

'2007년 3월 17일 뉴질랜드 출발→8일간 최소 1만300㎞를 쉬지 않고 비행→서해 북쪽인 압록강 하구 서쪽 얄루지앙 국립자연보호지역 도착→(5월 2일까지 휴식하며 에너지 재충전)→다시 7일간 6,500㎞ 논스톱 비행→알래스카 서부 도착후 여름 보냄.'

이 새는 이어 8월 29일 다시 남쪽을 향한 이동을 시작, 이번에는 1만 1,700㎞의 먼 거리를 9일 동안 쉬지 않고 날아 뉴질랜드로 돌아갔다. 이는 제트여객기로 약 23시간이 걸리는 거리다. 큰뒷부리도요는 1년간 거의 3만㎞를 이동한 셈이다. 지금까지 연구된 조류 중 최장 거리, 최장 시간 비행기록이다.

비행 준비와 과정도 흥미롭다. 뉴질랜드의 철새 연구자료를 보면, 큰뒷부리도요는 2,000m 상공에서 시속 50~60㎞로 쉬지 않고 비행한다. 비행 후에는 지방과 근육 속의 에너지를 소진해 뼈와 가죽만 남은 모습으로 변한다. 500g 정도인 새의 몸무게가 절반 가까이 줄어든다. 보잉 747의 경우 중량의 45%가 연료 무게라 하는데 큰뒷부리도요의 경우 이보다는 연료 비중이 높은 셈이다.

한반도와 같은 중간기착지에 닿으면 이들은 연료용 지방을 축적하기 위해 미친 듯이 갯지렁이나 조개류를 포식한다. 이렇게 에너지를 재충전한 새들은 출발 직전엔 몸속에 지방, 뇌, 그리고 날개근육만 남기고 내장을 줄이는 극한의 방법을 동원해 다시 이동한다.

밤낮 쉬지 않고 날면 잠은 어떻게 할까? 아직 확실히 밝혀지진 않았지만 철새들이 장거리 여행을 할 때 뇌를 절반씩 활용하며 잔다는데, 큰뒷부리도요도 같은 방법을 쓰는 것으로 학자들은 보고 있다. 또한 철새들은 몸속에 있는 자성물질이 지구 자기장의 방향을 감지하는 나침반과 같아서 길을 잃어버리지 않는다고 한다.

한국이 큰뒷부리도요 등 이동성 도요·물떼새들의 중간기착지가 된 것은 풍부한 먹이를 품은 갯벌 덕분이다. 이동성 철새들에게 중간기착지는 번식·월동지만큼 중요한 의미를 갖는다. 중간기착지에 이상이 생긴다는 것은 곧 새들의 실종을 뜻한다. 갈 길이 먼데 마지막 주유소의 문이 닫히는 꼴이다.

큰뒷부리도요는 '지구촌의 방랑자'로 불릴 정도로 가장 높이 멀리 나는 철새다. 한국이 큰뒷부리도요 등 이동성 도
요새들의 중간기착지가 된 것은 풍부한 먹이를 품은 갯벌 덕분이다.

그런데 우려스런 상황이 한국에서 현실로 나타나고 있다. '새와 생명의 터'와 호주·뉴질랜드 도요·물떼새 연구단은 2008년 창원에서 열린 제10차 람사르 총회 때 새만금 일대의 도요·물떼새 모니터링(2006~2008) 결과를 공개했다.

이 자료에 따르면 새만금에서 가장 개체수가 많았던 도요·물떼새 19종이 줄었고 무려 13만 7,000개체가 감소했다. 이 중에는 극심한 멸종위기종인 넓적부리도요 등이 다수 포함되어 있다. '새와 생명의 터' 나일 무어스 대표는 "새만금에서 실종된 도요새는 다른 갯벌로 이동한 것이 아니라, 아예 사라졌을 가능성이 높다"고 분석했다. 국제사회가 우려하지 않을 수 없는 대목이다.

갯벌 매립 등 무분별한 연안개발은 단순히 철새와 저서생물 등의 생태환경만 교란시키는 데 그치지 않는다. 국제간 신뢰를 무너뜨리고 사회문화 환경까지 파괴한다. 큰뒷부리도요는 뉴질랜드 원주민인 마오리족들이 '쿠아카(Kuaka)'라고 부르는 조상새로서 그들의 문화적 정체성을 상징하는 새라고 한다. 이 새가 줄어든다는 것은 마오리족에게 환경문제 이상의 문화적인 충격일 수밖에 없다. 지난 2002년 마오리족들은 낯선 한국땅을 방문, 새만금 매립 반대 시위를 벌여 국제적인 관심을 모으기도 했다.

큰뒷부리도요와 새만금, 그리고 마오리족. 쉽게 조합이 될 것 같지 않은 이 세 가지는 '철새'라는 생태적 고리에 의해 국경과 자연환경을 뛰어넘는 하나의 '우리'로 묶인다. 개발 압력에 시달리는 을숙도와 낙동강 하구, 이곳을 찾아오는 가락지 찬 큰뒷부리도요 역시 똑같은 생태적 위기의 단면을 보여주고 있다. 을숙도 일대를 찾는 철새 하나하나를 무심코 볼 수 없는 까닭이다.

철새 가락지의 비밀

알비처럼 정보 뭉치가 아니더라도, 가락지를 부착하고 을숙도 일대, 즉 낙동강 하구를 찾아오는 새들이 적지 않다. 이들 가락지 철새는 이동경로 규명에 의미 있는 정보를 안겨준다.

'습지와 새들의 친구(습새)'는 2003년부터 줄곧 철새 표지조사를 벌이고 있다. 이 단체는 최근 6년간 낙동강 하구의 도요·물떼새 표지조사를 통해 각국에서 날려 보낸 가락지 부착 철새 총 110개체를 조사했다고 발표했다.

이 기간 중 가락지 부착 철새 개체수를 보면 세가락도요(72개체)가 가장 많았고, 큰뒷부리도요(15), 좀도요(5), 뒷부리도요(4), 민물도요(4), 노랑발도요(3), 넓적부리도요(2), 붉은어깨도요(2), 개꿩(2), 흑꼬리도요(1) 순이었다. 날려 보낸 국가 및 지역은 호주 남부가 40개체로 가장 많았고, 호주 남동부(35개체), 호주 북서부(15)가 뒤를 이었다. 일본(4개체), 중국(4), 뉴질랜드(3), 대만(3), 러시아(2) 등지에서 날려 보낸 새도 가끔 관찰되었다.

이는 무분별한 개발행위로 인한 환경파괴에도 불구하고, 낙동강 하구가 여전히 철새도래지로서 중요한 기능을 수행하고 있음을 말해준다.

　"세가락도요가 가장 많이 관찰되었고, 그 다음이 큰뒷부리도요 입니다. 주로 호주에서 표식을 단 개체입니다. 큰뒷부리도요는 봄철 북상기에 주로 관찰되고, 세가락도요는 가을철 남하기에 나타났습니다. 2006년 여름엔 넓적부리도요 2마리가 확인됐어요. 세계적 멸종위기종으로 꼽히는 새죠. 연초록 가락지가 끼워져 있어 러시아에서 왔다는 걸 알았죠."

　낙동강 하구에서 철새 표지조사를 벌여온 '습새' 박중록 대표는 최근 6년간의 조사 결과를 정리한 데이터를 공개하며 을숙도 일원의 서식지 훼손을 막는 게 급선무라고 누차 강조했다.

　표식조사는 그동안 박 대표 혼자 수행해오다가 2008년부터 '습새' 김시환 운영위원이 가세, 한결 활력이 살아났다. 철새사랑으로 무장한 이 단체의 '이동성물새조사단'은 철새들이 도래하는 봄가을 거의 한 주도 빼놓지 않을 정도로 열심히 조사했다고 한다. 조사장비는 20~25배율의 필드스코프와 8배율의 망원경 그리고 카메라가 전부. 민간단체가 어떤 대가도 없이 전문성과 경험, 끈기와 인내가 요구되는 표지조사를 묵묵히 수행해왔다는 게 놀랍다. 확인 개체가 110개라는 것은 놀라운 수치다. 하나하나가 땀과 인내로 얻어낸 정보 자료다.

　이들이 작성한 가락지 표지조사표는 중요한 사실들을 말해준다.

철새 발목에 가락지를 부착하는 밴딩 작업. 발목에 끼운 표식을 통해 철새들의 이동경로 및 도래, 서식 등을 연구한다.

"낙동강 하구에 보이는 민물도요가 미국 알래스카에서 날아왔을 줄은 정말 생각을 못했어요. 학계의 연구대상입니다. 호주는 역시 철새 선진국이더군요. 얼마나 많은 가락지를 달기에 이렇게 많이 관찰되나 싶더군요. 지난 2005~2006년 시즌에 발견된 넓적부리도요 2개체는 정말 귀한 새입니다. 전 지구상에 200~300쌍밖에 남아있지 않다고 하잖아요."(박중록 대표)

'습새'는 이 같은 조사 결과를 국내외 연구기관과 대학, NGO 등에 보내 연구자료로 활용토록 하고 있다.

한국의 철새 이동 연구는 아직도 걸음마 수준이다. 환경부는 1993년부터 철새 이동경로 및 도래·서식조사를, 1997년부터 전국 겨울철 조류 동시 센서스를 실시하고 있다. 철새 표식조사는 2008년 5월까지 224종 2만 1,056개체에 유색 가락지를 부착, 두루미, 도요, 물떼새류 등 총 38종에 이르는 철새의 국가 이동경로를 밝혀냈다고 한다. 전남 신안군 홍도의 국립공원 철새연구센터가 체계

적 철새 이동 연구를 수행하고 있으며, 국립환경과학원과 국립생
물자원관에서도 가락지 및 위성추적장치 부착 연구를 병행하고 있
다. 국립환경과학원은 또 매년 철새 이동경로 연구보고서를 펴내
고 있다. 이 보고서에 따르면 국내에서 조사, 기록된 새는 457종이
며 이 중 86%가 철새다.

한국과 달리, 외국 선진국에서는 철새 연구가 비교적 활발하다.
호주 남부와 남동, 북서부 연안에서는 봄가을 주기적으로 대대적
인 도요새 밴딩 작업이 벌어진다. 주로 민간 조류보호단체들과 자
원봉사자들이 '캐논넷'이라 불리는 도요새 포획용 그물포를 쏜 뒤
도요새를 잡아 가락지를 부착하는 작업이다. 새들을 다치지 않게
하면서 잡아야 하므로 작업은 여간 조심스럽지 않다.

호주에서 부착하는 도요새 가락지는 크게 주황＋노랑(호주 남부),
주황(호주 남동), 노랑(호주 북서) 세 가지. 이는 국제적 약속이다. 호주는
한 시즌에 각종 철새 1만여 마리에 가락지를 부착해 날려 보낼 정
도로 이에 대한 연구가 활발하다.

동아시아 및 호주, 뉴질랜드 등 대양주 국가들은 지난 1998년부
터 도요새를 재포획하지 않고도 이동에 관한 정보 확인이 가능한
유색 가락지 조합체제를 실시키로 합의했다. 이에 따르면, 한국은
흰색과 오렌지색, 일본은 청색, 러시아는 연초록, 뉴질랜드는 흰
색, 미국 알래스카는 초록색을 각각 사용한다.

철새 연구는 철새 이동을 조사하는 데서 나아가, 지구적 기후변
화와 지속가능한 환경을 위한 대안 찾기라는 점에서 보다 강화되
어야 할 연구 분야다.

큰고니들의 방황

"큰고니와 고니들의 행동이 심상치않아 보여요. 쯧쯧, 저것 좀 보세요. 썰물 때는 대개 쉬는 시간인데 지금도 저렇게 이러저리 다니는 것은 먹이가 부족해 배를 채우지 못했기 때문일 겁니다."(습지와 새들의 친구 박중록 대표)

"희한한 일입니다. 예년엔 하굿둑 아래의 백합등과 명금머리등 일대에서 왔다 갔다 하며 먹이사냥을 하곤 했는데, 올해는 하굿둑 위 담수(강물) 쪽을 계속 들락날락해요. 큰고니는 늘 왔던 자리에 오고, 그 자리에서 머물면서 겨울을 나는 게 보통인데 말입니다."(부산 환경운동연합 전시진 대표)

2008년 12월초 을숙도 일대에는 예년에 볼 수 없던 장면이 연출됐다. 철새 관찰자들에 따르면, 큰고니들이 하굿둑을 집단 월장(越牆)하며 생활하는 모습이 목격됐다는 것이다. 먹이활동을 하는 모습에서 불안한 기색이 역력했고, 평소 옥퉁소 같은 울음소리도 어쩐지 메말라 있는 것 같았다고 한다. 북방에서 월동하러 온 큰고니들에게 무슨 일이 일어난 걸까?

비밀은 낙동강 하굿둑에 있었다. 남부지방에 닥친 극심한 가뭄으로 하굿둑 수문을 거의 열지 못해 하굿둑 아래 갯벌지대에서 놀던 큰고니들이 '민물 갈증'을 느껴 월장을 감행한다는 것이다. 하굿둑이 가뭄에 취약하다는 것이 다시 확인된 셈이다.

을숙도 남단 일원과 명지주거단지 북동쪽 갯벌은 겨울철 큰고니들의 '친정집'이다. 큰고니들은 해마다 수천 마리씩 잊지 않고 이곳을 찾는다. 고니들이 찾아온다는 것은 먹을거리가 있다는 이야기에 다름 아니다. 고니들의 먹을거리는 인간이 챙겨주는 것이 아니다. 스스로 알아서 먹고 겨울을 나고는 저들이 알아서 돌아간다. 먹이밭은 자연의 선물이다.

그런데 고니들의 친정집 즉, 낙동강 하구 먹이밭이 갈수록 어수선하고 불안하기만 하다. 명지주거단지에 아파트가 쑥쑥 올라가고, 인근 산업도로엔 차량 소음이 끊이지 않는다. 어민들이 고기잡이를 위해 몰고 나가는 소형 어선들의 굉음도 스트레스가 될 게 뻔하다. 게다가 인근에 명지대교(을숙도대교) 교각이 을숙도를 가로질러 건너가고 있다. 예민한 고니들이 신경쇠약에 걸릴 법도 하다.

낙동강 하구의 큰고니 개체수는 2007년부터 크게 줄어드는 추세다. 부산발전연구원이 발표한 〈낙동강 하구 생태계 모니터링 연구용역〉(2004~2008)에 따르면, 2007년 7월~2008년 7월 낙동강 하구에서 발견된 고니류는 2,902마리로, 1년 전 같은 기간의 8,987마리에 비해 3분의 1 수준이다. 연도별로는 2004년 6,111마리, 2005년

을숙도 남단 일원과 명지주거단지 북동쪽 갯벌에는 겨울
철이면 해마다 수천 마리의 큰고니들이 날아든다. 그러나
2007년부터 낙동강 하구의 큰고니 개체수는 크게 줄어
들고 있다. 을숙도 주변에서 진행 중인 대형 공사로 인해
고니의 먹이밭인 갯벌 생태계가 교란되었기 때문으로 보
인다.

9,352마리, 2006년 7,525마리, 2007년 8,987마리로 최소 6,000마리가 넘었으나 지난해 절반 수준으로 급감했다.

'습지와 새들의 친구'가 조사한 결과도 크게 다르지 않다. 2007년 11월에 1,782마리로 2006년 동기 3,600마리의 절반 수준이며, 월동 절정기인 2007년 12월에는 968마리로 전년 동기 3,782마리에 비해 74%가 감소했다.

환경부의 전국 조류 동시센서스 결과 역시 매년 1월을 기준으로 고니 개체수가 지난 2005년 2,003마리→2006년 2,380마리→2007년 1,860마리→2008년 843마리로 감소폭이 커지고 있다.

먹이밭의 이상 신호

고니들이 왜 줄어들까? 여러 가지 원인 분석이 가능하다. 크게 보면 기후변화가 하나의 원인이 될 수 있다. 온난화 때문에 낙동강 하구까지 내려가지 않아도 되는 월동지가 있을 수 있다는 것이다. 온난화로 인한 극심한 가뭄 현상도 무시할 수 없는 요인이다.

그러나 환경단체들은 낙동강 하구의 서식환경이 나빠진 것을 1차 원인으로 꼽는다. 명지대교와 명지주거단지 등 을숙도 주변에서 진행 중인 대형 공사로 인해 고니의 먹이밭인 갯벌 생태계가 교란되었다는 주장이다.

실제 고니들이 먹는 새섬매자기 군락지는 2008년부터 밀도가 눈에 보일 정도로 감소해 좀처럼 회복되지 않고 있다. 고니들은 새섬매자기의 지하부 괴경(덩이 영양 저장물)을 주로 먹는다. 새섬매자기는 사초과의 한해살이풀로, 땅속에서 나온 대의 높이가 20~100㎝로 자라고 7~10월에 꽃을 피우며 겨울엔 알뿌리 같은 덩이를 단다.

새섬매자기 군락지는 을숙도 남단 갯벌과 명지주거단지 앞 갯벌, 명금머리등 갯벌 등에 넓게 분포해 있는데 2007년부터 밀도가 줄고 군락지 범위가 축소되고 있다. 새섬매자기 감소 원인에 대한 논란도 뜨겁다. 환경단체들은 낙동강 하구 일대의 매립과 대형 토목공사에 따른 갯벌 오염, 그로 인한 토양 성질의 변화를 들고 있으나, 일각에서는 가뭄에 따른 강우량 감소, 그로 인한 염분 농도의 변화가 원인일 수 있다고 지적한다.

가뭄으로 인한 하굿둑 수문의 대폭 폐쇄는 인재(人災)에 가깝다. 한국수자원공사 부산권관리단은 평소 하루 16시간 이상 개방하던 낙동강 하굿둑 수문을 2008년 하반기부터 1~2시간만 여는 등 비상운영에 들어갔다. 이 시기 낙동강 수계 상류 4개댐 평균 저수율은 30%선으로 최악의 수준이다. 민물과 짠물이 섞이는 기수역에서 사는 고니류들이 '민물 결핍증'에 시달릴 수밖에 없다.

답답한 고니들의 민물 사냥을 일시적 현상으로 돌릴 수도 있겠지만, 문제가 고니류에 국한되지 않는다는 점에서 결코 가볍게 생각할 수 없는 사안이다. 하굿둑이 야기하는 근본적이고 장기적인 생태계 교란 문제에 대한 체계적인 조사 연구가 반드시 필요하다.

유별난 가족사랑

고니는 아름답고 겁 많은 철새다. 환경부 지정 멸종위기종이며 고니, 큰고니, 혹고니를 포함해 천연기념물 제201호로 지정돼 있다. 이 중 큰고니는 하늘을 나는 철새 가운데 가장 크고 무겁다. 날갯죽지를 펴면 2.2~2.4m, 몸무게가 7.5~12.7kg에 이른다. 날고 앉을 때 별도의 '활주로'가 필요하다. 수면을 박차고 나는 모습과 착지할 때 앞으로 달려 나가는 속도를 줄이기 위해 몸을 뒤로 젖히고 다리를 뻗어 브레이크를 잡는 듯한 모습은 흥미만점이다.

멸종위기종인 큰고니는 한국에 4,000여 마리가 날아오며, 이 중 2,000~3,000마리가 낙동강 하구에서 겨울을 나는 것으로 알려져 있다.

큰고니들의 가족사랑은 유별나다. 외출 갔다 돌아오는 가족을 맞이하는 큰고니들의 모습은 요란하고 시끄럽다. '고옹고옹~' 옥퉁소 소리를 내면서 날개를 퍼덕이며 춤추듯 서로 입 맞추고 몸을 보듬고 비비고 하는 모습은 '닭살커플' 저리가라다. 수리류 같은 공격자가 뜨면 도망가지 않고 똘똘 뭉쳐 경계하고 저항할 태세를 갖춘다. 그러면 수리류도 어떻게 하지 못한다. 사람에 대한 경계가 심해 다가가면 슬슬 피하거나 도망간다.

큰고니는 예술작품 소재로도 등장한다. 차이코프스키의 발레 〈백조의 호수〉는 큰고니의 춤을 형상화했으며, 일본 작가 테지마 케이자부로오(手島圭三郎)의 〈큰고니의 하늘〉은 고니의 가족애를 그린 작품이다.

큰고니는 지금까지 러시아 북동부 지역에서 한국으로 이동하는 것으로 알려져 있었으나, 2006년 국립환경과학원이 위성 발신기를 통해 추적한 결과 몽골 북서부 번식지에서도 낙동강 하구 등지로 이동한다는 사실이 확인됐다.

고니를 부산 시조(市鳥)로

"전 세계 어디에도 부산만한 대도시 속에 2,000마리 이상의 큰고니가 오는 곳은 없습니다. 얼마나 큰 축복이고 행복입니까. 이 행복을 유지하려면 낙동강 하구를 지켜야 합니다. 고니들이 이곳에 오지 못한다고 할 때 어디서 무슨 희망을 이야기하겠습니까. 고니가 온다는 사실을 무겁게 받아들여야 합니다." (박중록 대표)

고니가 낙동강 하구에 온다는 것은 축복이자 행운이다. 이 축복은 자연이 안겨준 선물로, 겸허하지 않으면 사라져버리고 만다. 낙동강 하구의 기수역 생태계는 가뭄이 닥쳐도 변화를 야기할 만큼 불안하고 위태롭다. 가까스로 유지되는 생태환경마저 인위적인 개발사업으로 계속 훼손될 위기에 있다.

대식가로 알려진 고니류가 낙동강 하구에서 4~5개월 동안 진을 치고 살아가려면 생태계의 순환고리가 건강하지 않으면 안 된다. 지금까지는 낙동강 하구 스스로의 높은 생산성으로 고니뿐만 아니라 수만 마리의 철새들을 먹여 살렸다. 그런데 최근에는 그러한 먹이사슬의 구조가 깨질 조짐이 곳곳에서 나타나고 있다. 고니 개체수 감소와 하굿둑 월장은 그 적신호라 할 수 있다.

고니류의 서식지를 종합 관리하는 노력도 필요하다. 한반도 내의 고니류 서식지가 낙동강 하구에 집중되는 것은 바람직하지 않다. 만약 서식환경 이상으로 고니류가 피해를 입을 경우, 돌이킬 수 없는 결과가 나타난다. 창원의 주남저수지와 창녕의 우포, 순천만 그리고 서남해안 갯벌 등지에도 부분적으로 고니류가 월동하는 만큼 이들 서식지를 종합적으로 네트워킹해 유기적으로 관리해야

환경부 지정 멸종위기종이자 천연기념물 제201호로 지
정돼 있는 큰고니는 한국에 4,000여 마리가 날아오며,
이 중 2,000~3,000마리가 낙동강 하구에서 겨울을 나
는 것으로 알려져 있다.

한다는 말이다.

낙동강 하구를 찾아온 고니들은 인간의 간섭을 보며 마지막 인내를 시험하고 있을지 모른다. 고니들의 고민이 깊어지고 있다. 서식지를 위협받으며 계속 친정집을 찾아야 할지, 떠나야 할지, 실종되고 말지에 대한 고민이다.

솔개의 귀환

우리는 말 안하고 살 수가 없나

날으는 솔개처럼

권태 속에 내뱉어진 소음으로

주위는 가득차고

푸른 하늘 높이 구름 속에 살아와

수많은 질문과 대답 속에

지쳐버린 나의 부리여…….

가수 이태원이 부른 〈솔개〉 1절이다. 푸른 하늘 높이 살아가는
솔개는 현대인들이 찾는 자유의 화신이지만, 한편으로는 비운의
맹금류다. 현대의 성장정책과 공업화는 솔개의 비상 날개를 꺾어
버렸고, 솔개는 생활 주변에서 쫓겨나는 신세가 됐다. 국내의 솔개
들은 1950년대 이후 한때 쥐약으로 죽은 쥐를 먹고 2차 피해를 입
어 크게 줄어들었다. 서식환경이 파괴되자 솔개들은 생존을 위해

남쪽 해안지방을 기웃거렸고, 일부는 가까스로 생존에 성공한 것처럼 보인다. 현재는 천연기념물로서 환경부 멸종위기종 2급으로 지정되어 있다.

이 솔개가 삶의 둥지를 튼 곳이 을숙도 쓰레기 매립장 부근이다. 인간이 파괴하고 외면한 자연의 땅에 쫓겨 온 솔개들이 둥지를 튼 것은 도저한 역설이다. 솔개가 던지는 메시지가 가볍지 않음이다.

을숙도 하단부 쓰레기 매립장을 끼고 도는 둘레길을 걷다보면 필시 두세 마리의 솔개들을 만난다. 솔개가 나타나지 않는 날은 말똥가리나 매, 황조롱이가 그 자리를 지킨다. 빙글빙글 머리 위를 맴돌며 먹이사냥을 하는 솔개를 보노라면, 을숙도가 죽지 않았음을 간접적으로 확인한다.

을숙도가 국내에서 드문 솔개 월동지가 된 것은 자연의 복원력 덕이다. 쓰레기 매립장 위에 나무와 잡초가 자라나 인근의 갯벌 생태계와 어우러지면서 강하고 억센 생명력이 움튼 것이다. 을숙도 일대에서 관찰되는 솔개는 약 20마리. 이들 중 일부는 낙동강 하구의 끄트머리인 사하구 다대동 아미산의 솔숲에서도 발견되고 있다.

솔개가 산다는 것은, 생태계의 먹이사슬이 존재한다는 말이다. 먹이사슬의 정점에 새가 있고, 새들의 꼭짓점에 솔개 같은 맹금류가 있다. 그러니 솔개의 귀환은 무엇을 의미하는가. 을숙도의 건강성과 비전을 말해주는 지표가 아닌가.

솔개는 날개와 꼬리가 길지만 체중은 가볍다. 다른 맹금류와 구분되는 특징은 꽁지가 V자 형태라는 것. 몸은 흑갈색이고 부리와 다리는 검은색이다. 비교적 흔한 나그네새이자 겨울새이고, 국내에는 11월 초순부터 남하해 4월 초순까지 머문다. 나뭇가지에 둥지를 틀고 새끼를 치는데, 3~5월에 걸쳐 한배에 2~3개씩의 알을 낳아 약 23일간 알을 품은 후 부화한다.

을숙도 솔개들은 주로 죽은 새나 썩은 고기를 좋아한다. 독수리와 마찬가지로 부식자(腐食者)로서 자연의 청소부 역할을 한다. 들쥐나 개구리, 어패류 따위를 잡아먹기도 한다. 생김새는 매와 비슷하지만 매보다 온순하다. 공중에서 날개를 편 채로 맴돌다 먹잇감을 발견하면 신속한 활공으로 찍어 잡는다.

하늘에서 정지비행으로 여유롭게 춤추는 모습과 "삐요르~~" 하고 하늘을 가로지르는 특이한 울음소리를 들어본 사람은 그 신비한 경험을 좀처럼 잊지 못한다. 딴은 병아리를 낚아채고 개구리를 잡아먹는 맹금류지만, 겁도 많아 해안가에선 갈매기 몇 마리에도 쫓겨 다닐 만큼 처량한 모습도 보여준다.

일반에 회자되는 솔개의 변신 이야기도 흥미진진하다. 솔개는 70세쯤까지 살 정도로 장수하는 새다. 그런데 이렇게 장수하려면 중간에 '죽을 고비'를 넘어야 한다. 40세쯤 되면 발톱이 노화하여 사냥감을 잡아 챌 수 없게 되고, 부리가 길어지고 구부러져 가슴에 닿을 정도가 된다는 것. 게다가 깃털이 짙어지고 두꺼워져 날개가 무겁게 되어 하늘로 날아오르기조차 힘들어진다고 한다. 이즈음이 되면, 솔개는 선택을 해야 한다. 죽을 날을 기다리던가 아니면 고통스러운 갱생 과정을 수행하던가.

갱생의 길을 선택한 솔개는 아주 높은 산의 꼭대기에 둥지를 틀

을숙도는 국내에서 드문 솔개 월동지다. 예로부터 흔한 나그네새이자 겨울새였던 솔개는 1950년대 이후 찾아보기 어려운 새가 되었고 현재는 천연기념물로서 환경부 멸종위기종 2급으로 지정되어 있다.

고 고통스런 수행을 시작한다. 먼저 부리로 바위를 쪼아서 낡고 딱딱한 부리가 깨어져 빠지게 만든다. 그러면 서서히 새로운 부리가 돋아난다. 그런 후, 새로 돋은 부리로 발톱을 하나하나 뽑아낸다. 새로 발톱이 돋아나면, 이번에는 새 부리와 발톱으로 날개의 깃털을 하나하나 뽑아낸다. 깃털이 빠지면서 연한 새로운 깃털이 나온다. 반년쯤 지나 새 깃털을 갖게 된 솔개는 완전히 새로운 모습으로 하늘을 날게 된다. 환골탈태하는 것이다.

솔개의 변신 이야기는 과장된 면이 있다. 말하자면 일종의 우화다. 그럼에도 일각에서는 기업의 인적 쇄신 및 경영혁신 소재로 끌어 쓰기도 한다. 자신의 삶 속에서 정신과 육체를 수시로 리모델링한다는 것이 그만큼 중요하다는 말일 테다. 솔개에게서 배우는 삶의 지혜라는 것이다.

박노해 시인이 쓴 시에도 솔개의 변신이 소재로 등장했다.

창공에 솔개 한 마리 유유히 원을 그리면
온 마을 짐승들이 숨어들기 바빴지

솔개는 40년을 날아다니다 보면
서슬 푸른 발톱과 부리에 힘이 빠지고
깃털은 두꺼워져 날기조차 힘이 든다지

몸이 무거워진 솔개는 험한 산정으로 올라가
절벽 끝 바위를 쪼아 낡아진 부리를 깨고
…(중략)…
모두가 잠든 한밤중
타악- 타악-
절벽 끝에 제 부리를 깨는

솔개의 소리 없는 새벽울음

—박노해 〈솔개는 제 부리를 깬다〉 중

  내륙에서 자취를 감춘 솔개가 을숙도를 지키며(?) 살고 있다는 것
은 매우 시사적이다. 을숙도를 제대로 지켜달라는 신호일까, 더 이
상 파괴하지 말라는 경고일까. 을숙도 상공을 빙글빙글 돌면서 배
회하는 솔개의 활공이 예사롭지 않다. 어쩌면 그들은 힘겨운 날개
짓을 통해 그들의 생존이 위협받고 있는 현실을 무언으로 알리고
있는 것인지도 모른다. 더 이상의 자연파괴는 솔개의 생존을 넘어,
수많은 철새들의 생존을 넘어, 우리들 인간을 세계적인 멸종위기
종으로 등록시킬지도 모르기에.

을숙도의 희귀새들

"어, 저기 갯벌 수로를 휘저으며 먹이를 먹고 있는 새는 뭐죠?"

"저어새죠. 저어가며 먹고 있잖아요."

"깝쭉대며 걸어다니는 놈은요?"

"깝죽도요입니다."

"상공을 자유롭게 활공하는 저 맹금류는 뭡니까?"

"흰꼬리수리입니다. 천연기념물 제243호예요. 먹이사슬 꼭대기에 있는 새니까, 먹잇감을 고르느라 폼잡는 것으로 봐야겠죠."

을숙도 주변에 가면 조류단체 회원들끼리 주고받는 이런 식의 대화를 쉽게 엿들을 수 있다. 대화를 듣고 있으면 그대로 생물 공부가 된다. 환경단체 회원들이 새를 찾는 이유는 새를 통해 즐거움을 얻고, 동시에 우리의 생활환경이 건강한지 비춰보기 위해서다. 새는 건강한 환경의 지표종으로서 요즘엔 기후변화의 메신저로서도 중요한 몫을 한다.

을숙도를 중심으로 한 낙동강 하구는 매립과 개발사업으로 철새

고대갈매기. 일명 적호갈매기라 불리는 이 새는 국제보호종으로 낙동강 하구에는 이와 같은 희귀새들이 자주 목격된다.

서식공간이 많이 줄어들긴 했지만, 여전히 국제적으로 중요한 이동성 물새 서식지다.

'습지와 새들의 친구'가 지난 2004년부터 최근까지 4년간 조사한 바에 따르면 이곳에서 총 250여 종(국내 기록 전체 종의 55%)의 새가 관찰됐다. 개체수는 월동기에 7만 5,000여 마리로 람사르 습지 등록 기준인 2만 개체를 훨씬 넘어섰다. 이들 조류 중에는 람사르 협약에서 요구하는 기준을 충족하는 것이 10종, 동아시아~호주 이동경로상의 네트워크 기준을 충족하는 종이 10종이다.

낙동강 하구는 특히 월동기인 겨울철 종 다양성과 종 풍부도 등 종합적으로 볼 때 국내 최고를 자랑한다. 국립생물자원관의 이동성 철새 조사에 따르면 2007년 12월 기준 낙동강 하구에는 46종이 관찰돼 최대 종수를 기록했다. 그러나 개체수는 1만 6,192마리로, 새만금, 철원, 시화호, 한강 하구, 금강하구에 이어 6번째였다.

낙동강 하구에는 희귀새들도 자주 목격된다. 2008년 9월 초 세

넓적부리도요. 황새목 도요과의 조류. 한국에서는 봄과 가을에 적은 수가 서해안과 남해안의 하구나 갯벌에 잠시 들르는 보기 드문 나그네새이다. 전 세계에 600~1,000 마리밖에 없어 국내에서도 멸종위기 야생동물로 지정되어 있는 희귀새다.

계적 희귀조인 청다리도요사촌이 발견됐고, 이에 앞서 7월 말엔 국내 처음으로 양식장 말뚝에 쉬고 있는 '긴꼬리제비갈매기'가 카메라에 포착됐다. 청다리도요사촌은 전 세계에 약 1,000마리가량 남은 희귀종으로, 국제자연보전연맹(IUCN)의 적색자료목록(Red Data Book)에 올라 있는 멸종위기종이다. 2008년 초엔 일명 적호갈매기라 불리는 고대갈매기 두 마리가 낙동강 하구에서 발견됐다. 이 새역시 국제보호종이다.

쇠제비갈매기는 낙동강 하구의 여름을 대표하는 새다. 덩치는 제비보다 조금 크지만 제비보다 더 날렵하게 먹이 사냥을 한다. 물위를 얕게 날다 멸치 등 먹잇감을 보면 그대로 물속으로 뛰어든다. 번식기에는 그렇게 장만한 먹이를 물고 날아가 짝에게 전달한다.

쇠제비갈매기는 보통 4월에 낙동강 하구를 찾아와 하구 남쪽의 모래톱에 밥그릇 모양의 둥지를 만들고 알을 낳는다. 알에서 깨어난 새끼들은 하루가 다르게 자라 7월쯤 다시 남쪽나라로 떠난다. 알에서 부화하는 데 걸리는 시간은 20여 일. 이 짧은 기간에 힘을 키우고 몸을 만들어 어미와 함께 수천 km를 난다고 한다.

낙동강 하구를 번식지로 이용하는 쇠제비갈매기의 수는 4,000~5,000마리. 사방이 툭 트인 얕은 모래톱에서 번식하는데 이런 땅이 흔치 않아 낙동강 하구는 동아시아 최대의 쇠제비갈매기 번식지라는 명성을 얻고 있다.

새들을 보호하려면 서식지를 지켜야 한다. 서식지가 사라지면 새들이 다른 지역으로 이사를 갈 것이라고 생각하기 쉽지만 그건 오산이다. 어떤 지역이 서식 가능한 조건을 갖추었다면 그곳은 이미 새들의 서식지로 이용되었을 것이다. 새들은 어디에 어떤 먹이밭이 있는지 귀신같이 안다. 따라서 어느 한 지역의 서식지 파괴는 새와 같이 대규모 이동성을 갖춘 생물종이라 할지라도 지상에서 영영 사라짐을 의미한다.

낙동강 하구를 지키는 현실적 대안은 람사르 협약 가입이다. 이곳은 람사르 협약에서 요구하는 기준을 충족한다. 그런데도 부산시는 어민들의 반대 민원을 들어 가입을 미루고 있다. 속사정은 낙

청다리도요사촌(왼쪽). 황새목 도요과의 조류. 청다리도
요사촌은 전 세계에 약 1,000마리가량 남은 희귀종으
로, 국제자연보전연맹(IUCN)의 적색자료목록(Red Data
Book)에 올라있는 멸종위기종이다.

쇠제비갈매기. 황새목 갈매기과의 조류. 낙동강 하구의 여름을 대표하는 새다. 낙동강 하구는 동아시아 최대의 쇠
제비갈매기 번식지라는 명성을 얻고 있다.

황조롱이. 매목 매과의 조류로 천연기념물 제323호로 지정되어 보호되고 있다.

동강 하구 일원의 개발행위 제한을 우려하기 때문일 것이다. 을숙
도를 찾는 희귀새, 희귀종들이 더 사라지기 전에 람사르 협약 가입
을 서둘러야 한다. 환경도시, 생태도시 이미지를 확보하는 현실적
대안이기도 한다.

2

상처뿐인 영광, 추억의 천연기념물

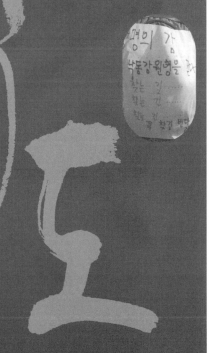

을숙도 100년사

을숙도가 언제 어떻게 형성됐는지는 정확히 알기가 어렵다. 낙동강 하구는 그 형성 과정이 복잡할 뿐만 아니라, 지금도 변화하고 있는 지형이다. 이는 낙동강이 살아 있기에 야기되는 변화다.

하구의 삼각주는 수만 년간의 홍수와 이로 인한 퇴적작용이 만든 땅이다. 가야시대 때만 해도 낙동강 하구는 만(灣)이었다. 이른바 고(古) 김해만이다. 김해 봉황동 봉황대 앞은 가야시대의 선착장이었다. 밀물이 되면 봉황대 항구에는 낙랑, 가야, 왜 등에서 온 큰 배들이 진을 치고 각국의 사신들과 장사꾼들이 모여들어 한바탕 거래를 펼친다. 철기를 납작하게 가공한 판상철부(板狀鐵斧) 꾸러미와 중국에서 건너온 화천(貨泉)이란 동전도 보인다. 김해는 가락국 초기엔 국제무역항이었다.

김해가 만이었다는 것은 고고학적 자료에서 드러난다. 김해시 장유면 수가리 패총의 단면과 예안리 고분의 지질변화 및 인근 해식동을 조사한 결과 당시의 해수면은 지금보다 5~6m 높았다. 장유면 수가리 가동마을 패총은 시대별로 층을 이루고 있는데, 제5기라 불린 패총의 연대가 지금부터 1,900∼1,700년 전에 형성된 것으로 조사됐다. 초기철기시대의 패총인 것이다. 해안가에 쌓인 이 순패층이 1,700년 전 바닷물에 잠겨 있었다는 이야기다.

고 김해만은 김해 농소리, 회현리, 예안리 패총의 지역분포를 통해서도 확인된다. 이들 패총을 연결하면 김해 내만의 해안선이 그려진다. 가락국의 시조 김수로왕의 부인 허황옥 공주가 인도에서 김해에 이른 과정도 '고 김해만'을 상정해야 이야기가 가능해진다. 김해가 가야의 항구였다는 사실은, 김해 봉황동 유적발굴조사에서 굴립주 건물지가 발견됨으로써 한층 명확해졌다.

학계의 연구에 따르면, 낙동강 하구에 삼각주가 형성되기 시작한 것은 약 2만 년 전으로 매우 추운 시기(뷔름빙기)였다. 지층구조를 보면 현재의 김해평야에 자갈층이 먼저 퇴적했고 이어 기후가 따뜻해지면서 모래자갈층이 쌓이기 시작했다. 그 무렵 바다의 높이(해수면)는 지금보다 110∼140m 정도 낮았으며, 하구역은 일본의 대마도까지 이어졌을 것으로 추정된다.

이 같은 지형이 기후변화에 따른 해수면 상승으로 하곡과 만입을 메우면서 왕신세의 두꺼운 충적층으로 변했다.

을숙도가 형성된 시기는 1900년대 초반일 것으로 추정된다. 1861년에 발간된 대동여지도에는 지금의 삼각주 지대에 대저, 맥도, 명지도 그리고 칠점산 등의 하중도가 표시되고 있다. 남단에는 넓은 사빈이 형성되고 있으나, 을숙도는 나타나지 않는다. 이로 미

강과 바다가 만나는 기수역 낙동강 하구. 1987년 하굿둑 건설 이전 종 다양성과 종 풍부도 등 종합적인 면에서 한국 제1의 철새도래지이자 국제적으로 중요한 습지였다. 그러나 하굿둑 건설 이후 급속한 산업화와 도시화에 따른 막개발이 가속화되면서 자연생태계가 크게 위협받고 있다.

루어 대저도, 명지도 등 오늘날 낙동강 하구의 대삼각주들은 1861년 전후에 틀이 잡힌 것으로 볼 수 있다.

1910년대에 들어서면 크고 작은 갯골로 얽힌 을숙도가 남쪽을 향해 발달하는 모습을 보여준다. 을숙도의 첫 출현이다. 또 명호도(명지) 앞에는 대마등이, 그 서쪽에는 진우도, 그 안쪽 내륙으로는 신호도가 각각 사주로서 등장한다. 명호도와 대마등 사이의 갯벌은 중간 부분이 홀쭉하게 들어가 면적이 좁은 반면 대마등 동쪽은 을숙도 남단과 이어져 넓은 갯벌이 만들어진 모습이다. 요산 김정한의 소설 〈모래톱 이야기〉를 보면, 을숙도와 명호도에는 아마 이 시기부터 사람이 살았던 것 같다.

1955년 위성지도를 보면, 을숙도 주변으로 큰 갯골이 형성되면서 갯벌이 재조정되고 확대되어가는 현상이 뚜렷하다. 대마등 남쪽에 새로운 사주인 장자도가 등장하고 진우도 주변에도 새로운 갯벌이 형성되고 있다.

1970년대에 접어들면 장자도와 을숙도 남단 사이에 새로운 사주인 신자도(일명 새등)와 백합등이 조성되고 진우도는 이전보다 규모가 확대된다. 이후부터는 시간이 갈수록 갯골의 폭이 커지면서 갯벌은 상대적으로 면적이 감소되는 양상을 보인다.

1980년대 낙동강 하굿둑 건설 시기(1983년 9월 착공, 1987년 11월 완공)에는 물막이 공사와 엄청난 하상 준설작업이 이뤄지면서 낙동강 하구 삼각주가 또 한 번 큰 변화를 겪는다. 가장 뚜렷한 현상은 새로운 사주의 형성과 갯벌의 변화다. 1984년 백합등 남쪽에 새로운 사주인 도요등이 형성되고 명호도 남쪽에는 복잡한 형태를 보이던 갯

을숙도 남단의 갯벌지대.

골이 매몰되었다. 동시에 하구 남쪽으로 새로운 갯골이 형성되는 등 갯벌이 바다 쪽으로 확대되는 모습이다.

하굿둑이 완공되기 직전에는 을숙도 남동단에서 다대포 홍티마을 방면으로 초승달 모양의 긴 사주(도요등)가 생겨났다. 육상 퇴적물이 하굿둑에 막히고 바다 쪽에서 밀려든 토사가 새로운 사주를 만들고 있는 것이다.

1987년 하굿둑 공사가 완공되자 일웅도가 을숙도에 통합되면서 을숙도의 총 면적은 약 303만㎡(하단부 222만㎡, 상단부 81만㎡)에 이른다. 토지 소유는 국토해양부와 기획재경부 소유의 국유지(12필지)와 한국수자원공사 부지(17필지), 부산 사하구청 부지(16필지) 그리고 사유지(1필지)로 나뉘어져 있다.

을숙도 상단부 중 13만 6,000㎡는 문화재보호구역에서 해제되

어 시설 편의공간으로 활용되고 있고, 나머지는 나대지와 수자원공사 적취장으로 이용되고 있다. 이용 공간에는 수자원공사 관리 건물부터 인라인스케이트장, 자동차극장 그리고 매점 등에 이르기까지 다양한 시설물이 들어서 있다.

그러나 이들 시설물은 애초 을숙도가 가지는 정체성을 고려하지 않고 중구난방으로 조성되었고 바람직하지 못한 시설물도 있다. 적치장은 낙동강 하굿둑

낙동강 하구를 한눈에 볼 수 있는 아미산 전망대(위). 을숙도 상단부 중 13만 6,000㎡는 문화재보호구역에서 해제되어 시설 편의공간으로 활용되고 있다. 한국수자원공사 관리 건물부터 인라인스케이트장, 자동차극장, 매점 등에 이르기까지 다양한 시설물이 들어서 있다.

관리규정 제12조에 근거하여 하굿둑 접근수로 유지준설토를 적치하는 곳이다. 유지준설의 목적은 매년 낙동강 상류로부터 밀려드는 퇴적된 토사를 제거하여 하굿둑의 기능을 유지하는 데 있다.

을숙도 상단부의 토양은 이탄질의 비옥토로서 하굿둑이 들어서기 전에는 원예작물이 잘 됐다고 하나, 지금은 일반인들의 출입이 통제되고 있다. 울창한 잡풀과 관목들이 뒤엉켜 있고 고라니와 삵, 참개구리, 맹꽁이 등이 서식하기도 한다. 그러나 대부분의 지역은 육지화되어 있어 난개발의 유혹에 노출되어 있다.

을숙도 하단부는 2000년 3월까지 파밭, 수자원공사의 준설토 적치장, 쓰레기 매립장(1993~1996), 분뇨해양처리장(1992~2006) 등으로

이용되었다. 1997년에는 을숙도 남단에 인공생태계가 조성되었으나 그 역할은 미미하다.

  을숙도는 규모와 형태가 어느 정도 정형화되고 있으나, 을숙도 남단의 크고 작은 모래톱들은 오늘도 변화하고 있다.

모래톱 생태 기행

　낙동강 하구에는 을숙도를 맏언니격으로 해서, 긴 시간이 빚어 놓은 자연의 걸작들이 널려 있다. 진우도, 신자도, 장자도, 대마등, 맹금머리, 백합등, 도요등 등 이름만으로도 정감이 넘치는 크고 작은 모래톱들이다. 동서 방향으로 길게 형성된 이들 모래톱은 외해에서 밀려오는 파랑을 막아주는 자연 방파제 역할을 하면서 강과 바다의 조수활동에 의해 끊임없이 지형을 바꾸고 있다.

　이들 모래톱은 바닷물과 강물이 만나는 기수지역으로, 수심이 얕은 갯벌이 넓게 형성되어 많은 플랑크톤과 어류, 패류, 수서곤충이 번식하고 있어 철새들의 좋은 서식처가 되고 있다. 이러한 낙동강 하구 일원은 문화재보호구역(천연기념물 제179호), 생태계보전지역, 습지보호지역, 자연환경보전지역, 연안오염특별관리해역으로 중복 지정되어 법적인 보호를 받고 있다. 국가에서 그만큼 중요성을 인정하고 있다는 뜻이다.

　낙동강 하구의 모래톱을 가장 잘 볼 수 있는 지점은 부산 사하구

아미산 중턱(다대동 몰운대성당 앞). 부산의 환경단체들이 발견한 일종의 전망대다. 을숙도 아래로 맹금머리등, 신자도, 장자도, 백합등, 진우도 등 길쭉하고 날렵한 모래톱들이 갯벌지대와 어우러져 한눈에 들어온다. 놀랍고 장엄한 풍경이다.

낙동강 하구의 전체 면적은 약 1만ha(109,327km²). 일본이 세계적으로 자랑하고 있는 천연 습지인 야쯔간석지(람사습지 등록)가 40ha(약 400k㎡) 정도다. 낙동강 하구는 규모만으로도 세계적이다. 이곳의 석양도 특급풍경이다.

하늘과 바다의 경계에서, 동해와 남해가 만나는 자리에서, 강과 바다가 만나 펼치는 대자연의 향연은 우리 삶의 근본을 생각해보게 한다. 장엄함이 넘쳐 경이로움을 안겨주는 낙동강 하구의 걸작, 모래톱 속으로 여행해본다.

진우도, 국내 최대 도둑게의 소굴

등짝이 붉은 쬐끄만 도둑게가 인기척에 놀라 황급히 몸을 숨긴다. 동작이 굼떠 미처 도망가지 못한 놈들은 집게발을 포클레인처럼 치켜든 채 방어자세를 취하면서 옆걸음질을 친다. '사각사각.' 갯벌의 갈대밭이 갑자기 소란스럽다.

부산 강서구 신호동에서 약 2km떨어진 무인도인 진우도(81만 2500㎡)에서 흔히 보게 되는 풍경이다. 진우도는 잘 알려지지 않았지만, 국내 최대의 도둑게 서식처다. 도둑게는 민가의 부뚜막에 붙은 밥풀을 훔쳐 먹는다고 할 만큼 인간과도 친숙하다.

섬의 북쪽에 해당하는 진우도 갯벌에는 다양한 종류의 게들이 거의 사시사철 바글거린다. 갈대밭을 헤집고 들어가면 방게가 있고, 세섬매자기가 있는 지역에는 넓적콩게나 붉은발사각게가 있다. 넓적콩게들은 그들만의 은거지에서 간간이 집단군무를 한다. 앙증맞게 생긴 양쪽 집게발을 들었다 내렸다 하는 집단동작은 집단 보건체조를 연상케 한다. 이 같은 집단군무는 짝짓기나 자신들의 영역을 알리는 수단이라고 한다.

갯벌과 모래밭이 섞이는 곳에서는 몸놀림이 민첩하고 눈치 빠른 달랑게가 집단 서식한다. 놈들은 외부 침입자가 출현하면 일제히 구멍 속으로 숨어버린다. 자기 구멍인지 남의 구멍인지 모를 구멍이 수천 수만 개다. 간혹 밤처럼 생긴 밤게도 목격된다. 형태가 신기해 손가락으로 슬쩍 건드리면 밤게는 죽은 척 꼼짝 않고 엎드린다. 운이 좋으면 그물무늬금게가 재빠르게 모래밭으로 숨어드는 모습을 구경할 수 있다. 진우도에 표범장지뱀(환경부 멸종위기종 2급)이 관찰된 기록도 있다.

진우도 갯벌에는 이밖에도 엽낭게, 방게, 맛조개, 갯비틀이고둥, 뻬뚤이고둥, 맛, 두토막눈썹갯지렁이 등 다양한 해양생물이 서식하고 있다. 이것들은 도요류나 물떼새류, 북방에서 내려온 각종 겨울철새들의 먹잇감이다.

진우도 해변에는 해당화, 갯완두, 갯씀바귀, 갯멧꽃, 갯완두, 통보리사초 등 해양식물들이 자란다. 섬 중심부에는 수령 50년 남짓한 소나무가 군락을 이루어 방풍림 역할을 하고, 그 주변으로 잔디밭과 띠풀 군락이 형성돼 있다. 최근 이곳을 찾는 사람들이 늘어나면서 미국자리공, 소루쟁이, 쇠비름, 아카시나무, 달맞이꽃, 질경

낙동강 하구에는 을숙도 등 크고 작은 모래톱들이 있다.
모래톱은 바닷물과 강물이 만나는 기수지역으로 철새들
의 좋은 서식처가 되고 있다.

진우도는 서낙동강이 실어나른 토사가 퇴적돼 생긴 모래섬이다. 진우도 갯벌에는 다양한 종류의 게들이 있으며, 특히 국내 최대의 도둑게 서식처이다.

이, 닭의장풀 등 육상식물들이 번성하고 있다는 보고도 있다.

진우도는 서낙동강이 실어나른 토사가 퇴적돼 형성된 모래섬으로 면적은 약 65만 8,129㎡이다. 일명 왜선등(倭船嶝), 이점등으로도 불린다. 오늘날의 모습을 갖춘 것은 1900년대 이후이며 1955년 지적도에 등록됐다. 행정상으로는 강서구 신호리에 속한 무인도다.

진우도에는 한때 사람이 살았다. 1956년 방수원 목사가 전쟁고아들을 데리고 들어가 진우원(眞友園)을 세웠다. 그러나 1959년 추석을 앞두고 몰아닥친 태풍 사라호가 진우도를 휩쓸면서 진우원은 폐쇄되었고, 다시 무인도가 되었다. 박정희 정권이 들어선 후 진우도는 민간에 불하되었고, 이후 여러 번 주인이 바뀌는 속에서 지금도 80% 이상이 사유지로 돼 있다. 다행히 문화재보호구역으로 묶여 있어 쉽게 개발할 수 없게 돼 있지만, 지주들은 재산권 행사를 이유로 문화재보호구역 해제를 끊임없이 요구하고 있다.

섬 그 자체가 자연생태공원이라 할 수 있는 진우도는 한국내셔널

트러스트 보전대상지 시민공모전에서 '꼭 지켜야 할 자연 문화유
산'에 선정된 섬이다. 그러나 주변 상황은 진우도에 유리하게 돌아
가지 않는다. 을숙도 하단부에 명지대교가 관통하고, 녹산·신호산
단, 부산 신항 게다가 가덕도 신공항 건설 논의까지 사방에서 개발
압력이 가중되고 있기 때문이다. 자연의 섬 진우도가 언제까지 지
금 모습을 보존할 수 있을지 걱정이다.

장자도 - 신자도 - 대마등

을숙도 아래에 위치한 큰 모래톱이다. 정확한 것은 알 수 없지만,
장자도는 섬이 길쭉하니 길어서, 신자도는 새로 생겼다는 의미로
붙여진 이름이 아닐까 한다.

장자도는 을숙도 남서쪽 신자도와 대마등 사이에 있다. 1990년
대 초 농사를 지으러 주민들이 들어가 밭을 일군 흔적이 있지만, 당
국의 통제로 지금은 사람의 출입이 거의 없어 원시성을 유지하고
있다. 섬의 윤곽은 1910년께 형성된 것으로 추정된다. 낙동강 하구
철새도래지 중 가장 많은 철새가 오는 곳 중 하나다.

신자도는 을숙도 남쪽의 도요등과 진우도 사이에 위치한 모래톱
이다. 1950년대 초 장자도 이남에 새로운 사주가 출현하면서,
1970년대에 비로소 오늘과 비슷한 신자도가 출현한다. 국립지리
원에서 항공사진 등을 활용해 발행한 5만분의 1 지도(1975)를 보면,
현 장자도 남쪽에 신자도로 성장하게 될 길쭉한 간석지가 동쪽에
서 서북 방향으로 가늘고 길게 형성되어 있다. 전체 길이는 약
3,800m, 너비는 약 150~300m 규모다. 강물에 의한 퇴적토와 파

랑, 바람의 작용으로 모래가 두껍게 쌓여 형성된 전형적인 연안사주다.

섬의 변두리에는 우산잔디, 중앙부에는 좀보리사초, 통보리사초 및 갯메꽃이 자란다. 신자도 모래밭은 국내 최대의 쇠제비갈매기 서식지다. 일명 갈매기등, 십리등이라고도 불린다.

대마등은 명지주거단지 인근에 있는 철새 대합실이다. 대략 1904년 전후 출현한 것으로 추정된다. 활처럼 굽어 있고 남단지역은 북동풍을 피할 수 있어 겨울철 고니류, 저어새류, 기러기류, 오리류가 많이 모여든다. 섬 중간에 인공 못이 만들어져 있어 물새들의 쉼터 구실을 한다. 1990년대 말 조성된 낙동강 하구 인공생태계 중 한 곳이다.

맹금머리 – 백합등 – 도요등

맹금머리는 비운의 모래톱이다. 원래는 을숙도에 연결돼 있었으나, 1987년 낙동강 하굿둑 공사 때 을숙도에서 떨어져 나갔다. 하굿둑 수문 개방시 한꺼번에 쏟아져 나오는 강물의 소통을 원활하게 하기 위해 인위적으로 물길을 낸 것이다. 해서 '잘린 섬'이란 웃지 못할 별칭이 붙어 있다. 어민들은 맹금류가 많이 찾는 곳이라 하여 맹금머리가 되었다고 말하기도 한다. 발음이 쉽지 않아 맹그머리, 멍그머리라 부르기도 한다. 날이 갈수록 육지화 정도가 심해지는 양상을 보인다.

백합등은 맹금머리와 도요등 사이에 있는 ㄷ자 형태의 모래톱이다. 1950년대 중반 생겨난 사주다. 다른 사주와 달리, 소나무와 아

도요새가 많이 날아든다고 해서 붙여진 이름 '도요등.'
사진은 도요등 엽낭게들의 집단 행진.

카시나무가 산재해 있다. 육지에서 강물에 실려 온 씨앗이 뿌리를 내렸을 것으로 보인다.

주변에 백합이 많았다고 해서 백합등이란 이름이 붙었다. 일명 나무싯등이라 불리기도 하는데, 홍수 때마다 낙동강 중상류에서 나뭇가지 등이 떠내려와 이곳에 주로 걸린다고 해서 비롯된 별칭이다. 어민들은 또 '사자도' '사자등'이라 부르기도 한다.

도요등은 도요새가 많이 날아든다고 해서 붙여진 이름. 1990년 초에는 바닷물이 빠질 때 신자도에서 먼 바다 쪽으로 희미하게 나타나는 작은 사주였다. 시간이 갈수록 동서간 길이가 길어져 지금은 완연한 모래톱이 되었다. 다대포 소각장 앞에 길쭉하니 뻗어 있는데 아미산 전망대에서 보면 가장 형태가 선명하다. 만조 때는 도요, 물떼새류의 휴식처가 되고, 여름철에는 쇠제비갈매기와 흰물떼새의 집단 번식지가 되고 있다.

낙동강 하구의 모래톱들은 하굿둑 완공 이후, 전체적으로 바다 쪽으로 모습을 키워가는 형태다. 강물에 실려 오는 육상 퇴적물이 줄어들고, 바다에서 밀려드는 퇴적물이 증가한 탓이다. 앞으로 또 어떻게 변할지는 두고 보아야 할 문제다.

이들 모래톱은 살아 꿈틀거리는 형태를 반영하듯 이름들이 다양하다. 때문에 학자마다, 소개하는 자료집마다 이름들이 조금씩 다르다. 일반인들은 헷갈림을 호소하기도 한다. 도요등의 경우 1990년 초 발견 당시 이름을 짓지 못해 한 신문에서 '무명등'이라고 적었는데, 그게 한동안 이름 아닌 이름으로 통용되기도 했다. 하구의 변화상을 보여준다.

둔치도의 희망

부산 강서구 봉림동 둔치도는 서낙동강과 그 지류인 조만강이 함께 빚어낸 알토란 같은 생태섬이다. 강의 둔치가 모래톱으로 발달해 육화되면서 '둔치도'라는 이름을 얻었다. 을숙도와는 생태적 친연성이 다소 떨어지나, 낙동강 하구를 이야기할 때는 놓칠 수 없는 생태보고라는 평가를 얻고 있다.

전체 규모는 약 198만 3,480㎡이며, 북쪽 가장자리 일부를 제외하면 대부분 논이다. 아직 '개발 점령군'의 손길이 별로 닿지 않은 데다, 생태적으로 보존할 가치가 높아 환경단체들이 각별히 주시하는 곳이다.

2009년 초에는 천연기념물인 재두루미 20여 마리가 날아들어 겨울 한때를 보내기도 했다. 재두루미 서식지로서 가능성을 보여준 것이다.

둔치도에는 섬을 한 바퀴 돌 수 있는 타원형의 둘레길이 나 있다. 길섶에는 갈대숲이 지천이다. 마을주민들에 따르면 구한말 부산 구포에 있던 남조선제지㈜가 이곳의 갈대를 펄프 원자재로 썼다. 1920년 일본인 하사마가 땅을 사들여 농장으로 개간하면서 마을이 생겼고, 서낙동강이 오염되기 전까지는 김해평야 최고의 옥토로 각광받았다고 한다.

시민단체들은 10여 년 전부터 둔치도에 '100만평 시민공원' 조성운동을 펼치고 있다. 동아대 김승환(조경학과) 교수가 주축이 되어 기금을 모아 둔치도 땅을 사들이기도 했다. 시민 3,500명이 월 2,000원씩 낸 기금으로 둔치도에 약 4만 4,297㎡의 땅을 매입, 이 가운데

2만 6,446㎡는 부산시에 무상기증하고 나머지는 특수법인 '자연환경국민신탁'에 기탁한 것이다. 투기성 알박기가 아닌, 난개발을 막기 위한 '착한 알박기'인 셈이다. 자연환경국민신탁에 맡긴 땅은 도시계획에 따른 수용이나 매각이 금지된다.

그러나 최근 서부산권에 묶여 있던 그린벨트가 풀리면서, 땅값이 천정부지로 치솟아 시민단체들의 공원추진 구상이 난관에 부딪혔다. 한때 관심을 보이던 부산시도 미온적이다. 시민단체의 등쌀에 밀려 여태껏 4만 9,587㎡를 공원부지로 지정해놓곤 손을 놔버렸다. 이곳의 땅값은 4, 5년 전만 해도 3.3㎡당 5만~6만 원에 그쳤는데 최근엔 30만~50만 원으로 올랐다는 것이 주변 부동산의 이야기다. 그러니까 부산시가 공원화 계획을 세우고 4, 5년 전에 둔치도 땅을 매입했어도 수천억 원을 아낄 수 있었다는 이야기다.

뜻있는 시민들은 지금이라도 둔치도를 '춘천의 남이섬처럼 만들어보자'며 흥미로운 아이디어를 내놓는다. 전체적으로 생태공원을 콘셉트로 잡고 한쪽에 재두루미 서식처를 확보해주면서 지속가능한 생태관광의 거점으로 개발하자는 제안이다.

디자이너 강우현 씨가 꾸민 남이섬의 '나미나라공화국'은 생태적 상상력과 판타스틱한 아이디어로 이룬 강 속 꿈의 휴양지다. 배를 타고 들어가면 그곳에서만 통용되는 화폐·우표·전화카드가 있고, 섬 속에서 먹고 자고 노는 것이 모두 가능하다. 오감을 만족시키는 생태 관광지인 셈이다. 2008년 한 해 남이섬을 찾은 관광객이 180만 명에 이른다.

둔치도를 야외자연사박물관 및 문화체험공원을 겸한 농업생태

체험공원으로 만들어보자는 아이디어도 제시되고 있다. 무엇을 하든, 단순한 공단 조성 같은 난개발은 막아야 한다고 전문가들은 입을 모은다.

둔치도는 1990년대 중반 부산시 연료단지(18만 3,110㎡)가 추진되다 중단된 개발 실패 사례의 현장이기도 하다. 연료단지는 연탄수요 급감으로 기반 조성 공정률 50% 상태에서 10년 넘게 공사가 중단돼 있다.

정부와 부산시는 '4대강 사업'과 관련해 처음에는 둔치도를 생태공원으로 조성키로 방향을 잡았다가, 최근 방향을 선회해 실망을 안겨주고 있다. 둔치도는 을숙도 철새도래지의 뒤뜰, 배후의 먹이터에 해당하는 곳이어서 을숙도의 앞날과도 결코 무관하지 않다.

에덴공원을 아시나요

　부산지하철 1호선 하단역에 내려 에덴공원을 찾는다. 안내판이 보이지 않는다. 가게에 들어가 물어도 돌아오는 대답이 영 시원찮다. "저쪽 어디~"라고 하는데 가보면 진입로가 사라져버린다. 이리저리 헤매다 겨우 진입로를 찾았다. 찾고 보니, 입구에 에덴공원 표지는 없고 '자유총연맹' 간판이 붙었다. 시멘트 오르막 길을 오르자 그제야 '청마 유치환 시비/솔바람 음악당' 안내판이 나온다.

　에덴공원을 찾으면서 불현듯 '낙원'을 떠올린 건, 마음 한구석에 머물러 있는 갈색 추억 때문이다. 그래 추억이 있었지…… . 터질 것 같은 가슴을 싸안고 다듬어지지 않은 공원 오솔길을 아슴아슴 올라 막걸리를 들이키던 추억. 하굿둑에 갇힌 그리움이 밀물처럼 밀려든다.

　에덴은 낙원과 동의어일 테지만, 공원 주변의 어수선한 개발상황을 목도하면서 낙원에 대한 이미지는 빠르게 실낙원의 비애로 바뀐다. 낙원을 꿈꾼 적이 있었지. 사하구(沙下區) 하단동(下端洞)에 왜 낙원이 있었던 것일까. 성서의 에덴도 물끝에 자리했던 걸까. 물끝이 낙원이라는 건가. 에덴에서 쫓겨난 아담의 후예들이 집착한 인공 낙원이 오늘날의 도시인가. 문명이 도시인가, 개발이 도시인가. 정리되지 않는 추억과 상념이 뒤엉켜 춤을 춘다.

황톳빛 우레탄이 깔린 산책로를 따라 공원 허리를 파고든다. 현대식 운동기구며 신발의 먼지를 터는 먼지털이기, 몇 개의 간이의자, 그리고 산책로 옆에 도열한 굵고 튼실한 팽나무와 소나무, 참나무들을 보면 도심 속에 이만한 녹색지대가 남아 있다는 것이 대견하기도 하다. 야트막한 공원 정상부에는 청마 유치환의 〈깃발〉 시비와 부산 출신 음악가 오태균 음악비, 시민헌장비 등이 오뚝하니 서 있다. 뼈대 있는 공원임을 넌지시 이야기한다. 그런데 깔끔하게 단장한 공원이 자꾸 낯설게 느껴지는 것은 무슨 까닭인가.

원래 에덴공원은 낙동강 하구에 우뚝 솟은 자연 전망대였다. 그러나 어느 날 산자락에 붙어 꼬물대던 갯벌이 모조리 매립되고, 주변에 콘크리트 건물이 우후죽순 들어서면서 전망대 자리에도 잡초가 차지했다. 예전의 영화는 청마 시비와 솔바람 음악당이 거의 전부다. 야외 음악당에는 예전처럼 클래식이 흐르지만 인적이 끊겼다. 야외무대는 개들이 차지했다.

공원 꼭대기에서 굽어보는 낙동강 하구는 운치는 커녕 장엄미도 없다. 시야에 을숙도가 흐릿하게 들어온다. 하굿둑 아래로 누더기처럼 변해가는 을숙도, 그리고 그 남단을 지나는 명지대교에 눈길이 머물면 눈시울이 떨리고 응시가 막막해진다. 옛날 갯벌지대였던 강변도로엔 차량 소음이 무성하다. 갑자기 다리가 풀리고 내 마음속 에덴이 와르르 무너진다. 문명과의 불화, 인간의 탐욕으로 자연의 어떤 소멸을 예감하는 것은 자연스런 감상이다. 에덴은 이미 사라지고 말았다.

에덴공원은 승학산의 끝자락, 낙동강 동쪽에 고즈넉이 자리한 도심공원이다. 승학산에서 신선이 학을 타고 내렸다고 하여 예로부터 '강선대(降仙臺)'라 불리기도 했으나 일제 강점기 때 원형이 훼손됐다. 대동아전쟁이 막바지로 치닫던 1940년대 일본군은 강선대 일대에 포병부대를 주둔시켜 깊은 굴을 파 대포를 적치했다. 해방과 함께 일본군은 철수했고 공원은 무주공산이 되었다. 1953년 부산중앙교회의 백준호 장로가 이곳을 사들여 길을 내고 나무를 심어 공원을 조성했다. 처음엔 아담과 이브가 살던 에덴동산에 비유하여 에덴원이라 부르다가 그후 에덴공원으로 바꾸었다.

이 공원 아래 낙동강변에는 백 장로의 두 아들이 장르가 다른 음악실을 열어 한동안 화제가 되었다. 형인 백광덕 씨는 '강변'이란 클래식 음악실을, 동생인 백성수 씨는 그보다 2년 늦게 '강촌'이란 팝송을 들려주는 음악실을 각각 열었다.

음악을 들으며 술도 곁들일 수 있는 이들 음악실은 겨울에 특히 인기였다. 장작불을 지핀 따뜻한 난로가 있어서 낭만과 서정을 즐기려는 젊은이들의 발길이 잦았다. 그후 이들 음악실을 본뜬 주점들이 삼삼오오 들어서게 되었고, 에덴공원 주변 낙동강변에는 갈대숲 속 간이 주막촌이 형성되었다. 1970년대에 불어 닥친 팝송 바람은 '강촌'에 예술인들과 젊은이들을 들끓게 했다.

1980년대 초부터 하굿둑 공사와 더불어 주변 매립계획이 현실화되자 '강촌'은 문을 닫았고, '강변'은 에덴공원 꼭대기로 임시건물을 지어 올라갔다. 이것이 오늘날의 솔바람 음악당이다. 소나무 사이에 탁자를 놓고 야외 음악당을 만들어 자연과 음악이 숨쉬도록 한 것은 '꾼'이 아니고는 하기 어려운 선택이다.

이러한 낭만적 정취도 부산의 마지막 로맨티스트로 불리던 백광덕 씨가 몸져누우면서 조용히 막이 내려질 처지다. 진한 추억의 시간이 '소리 없는 아우성'으로 나부낀다. 발길을 돌려 청마의 〈깃발〉이 적힌 시비를 찾아간다.

'이것은 소리없는 아우성/ 저 푸른 해원을 향하여 흔드는/ 영원한 노스탈쟈의 손수건…….' 시비의 글씨는 향파 이주홍이 썼다고 돼 있다. 시비에 석양이 어룽진다. 영원한 노스탈쟈가 석양에 물든다.

잊을 수가 없다. 부산지역 3040 아니 5060 청장년들에게 에덴공원은 추억과 그리움의 성소였다. 그 추억을 반추하는 것은 숫제 행복한 통증이다. 1980년대 초반까지 에덴공원 주위는 논밭과 수로, 갈대밭으로 채워져 있었다. 나루에 정박한 돛단배와 고기잡는 어부, 조개줍는 아낙 등은 이곳의 일상 풍경이었다.

갈대로 지붕을 이은 '강변'과 '강촌' '강나루'나 '전원' 같은 주점들은 생음악으로 단골을 불러 모았다. 한 번 찾은 단골들은 배신할 줄을 몰랐다. 주인은 손님을 모셨고 손님은 주인을 챙겼다. 이들 주점에서 퍼져 나오는 청춘의 환호작약은 마치 펄떡거리는 물고기

부산 사하구 하단동 에덴공원. 1960~70년대 을숙도,
하단나루터와 더불어 연인들의 데이트 장소로 인기를 끌
던 추억과 낭만이 깃든 장소다. 이곳에는 청마 유치환 시
인의 〈깃발〉 시비가 세워져 있다.

같았다. 주점 옆으로 갈대들이 수줍게 몸을 비틀었고 철새들이 날았다. 그윽한 낙조를 받으며 한 잔 술에, 한 잔 차에 취한 젊음들은 만면에 홍조를 띠고 갈대 속 오솔길로 걸어 나갔다. 통행금지 시간도 아랑곳없이 조롱박잔에 동동주를 담아 퍼마실 수 있는 자연 속 술집은 분명 호사였다. 을숙도 너머로 사그라지는 낙조는 소멸이 아니라 재생이자 창조였다. 예술가들은 거기서 예술을 논하고 작품을 생산했다. 그 속에 파묻히면 사랑도, 돈도, 청춘도, 눈물도 한 줄기 바람이고 강물이었다. 눈물겹도록 아름다운 시절이었다.

에덴공원의 '에덴'은-아마 누구나 인정하듯이-강 건너편의 을숙도일 것이다. 을숙도가 전해주는 자연의 감성적 아름다움은 너무나도 커서 우리 마음속의 에덴이 되고도 남는다. 에덴공원을 거쳐 하단 똥다리에 있던 나룻배를 타고 강을 가로질러 을숙도에 이르는 과정은 엄숙한 순례와도 같았다. 자연이 주는 사랑의 힘으로 사랑을 꾸려가던 선남선녀들은 이 순례에 동참하고픈 충동으로 안달이 났다. 순례자들은 을숙도의 평화로운 모래톱에서 자연이 낳아 기른 생명들에 동화되어 열정과 변화의 에너지를 비축했다.

이 모든 것이 하굿둑이 막히면서 결딴나 버렸다. 물길이 막히면서 강의 풍경이 일그러졌고, 생명 고리가 헝클어졌다. 을숙도로 가는 배는 더 이상 필요하지 않았다. 차를 타면 2~3분, 걸어도 10분이면 을숙도에 닿는다. 하굿둑은 교량과 도로로, 섬의 갈대밭은 집터와 놀이터, 운동장으로 각각 변했다. 모든 것들이 인간의 관점에서 재구성되었다. 이곳의 새는 인간을 위해 존재하는 자연물일 뿐이었다. 을숙도는 옛날 을숙도가 아니다. 에덴이 사라진 것이다.

상실감이 어깨를 짓누르고 추억을 괴롭힌다. 내 영혼을 쪼아 상상력에 날개를 달아주던 새들이 떠나고 있다. 아름다운 것은 일몰의 장엄한 광휘뿐이다.

하단나루터

　부산 사하구 하단동 가락타운 3단지 뒤쪽 해변. 한때 나룻배를 몰았다던 이창수(부산 사하구 하단동) 씨는 손가락으로 원을 그리며 "여기가 거기제"라며 을숙도와 명지를 오가던 하단나루터 자리를 일러주었다. 나루터는 가뭇없이 사라지고 도로와 건물이 가득하다. 이 씨는 하단 토박이로 10대 때부터 아버지를 따라다니며 뱃사공 일을 했다고 한다.

　"가물가물합니더. 쬐끄만 배였지예. 한 번에 15명 정도 탔고, 뱃삯은 왕복 600원 정도 받았심더."

　이 씨는 옛일을 회상하며 연신 눈시울을 씰룩거렸다.

　하단나루터는 1932년 구포다리가 건설되기 전까지, 구포와 더불어 낙동강 하구 최대의 도선장으로 기능했다. 일제시대 때는 이곳으로 '부하철도(釜下鐵道)'가 계획되기도 했다. 향토사학자 주경업 씨가 펴낸 〈부산이야기99〉(부산민학회)에 그 내용이 나온다.

……경부선 부설계획이 결정되고 부산 좌천동 사람 박기종(1938~1907)

은 1897년 6월 부산~하단 간 15리(약 6km)에 철도부설을 계획하였다.

일본인도 주주가 되어 투자할 수 있다는 조항까지 삽입하여 겨우 얻

어낸 부하철도 구상은 수차례의 측량을 통해 공사를 시작하지만 곧

난관에 부딪혔다. 자금 부족과 노선의 부적합이 문제가 된 것이다.

1960~70년대 하단나루 똥통다리 옆에서 재첩잡이 출항에 분주한 어민들. 사진:사하구청 제공

반면 일본인들은 경부선 철도의 노선을 김해 쪽의 낙동강 서쪽 기슭을 따라 하단으로 내려와 강을 건너 구덕산 터널을 뚫고 대신동을 거쳐 동광동 해안으로 연결되는 부설 계획으로 세웠다고 한다. 이를 위해 일본 영사 측에서는 1896년 8월 수렵을 한다는 핑계로 측량기술진을 보내 비밀리에 기초조사를 네 차례나 실시하였다. 이를 눈치 챈 하단 객주들과 주민들은 쇠말(기차)이 들어오면 고을이 망한다는 풍수를 내세워 강력하게 반대해 경부선은 계획 노선을 바꾸어 지금처럼 낙동강 동쪽 기슭을 따라 구포를 통과해 북부산으로 들어가게 되었다는 이야기도 전해온다.

하단나루터를 떠난 배는 을숙도와 일웅도 사이의 물길(지금은 하굿둑 시설로 사라짐)을 지나 명지나루까지 운항됐다. 하단나루터에서 을숙도까지는 10여 분, 하단~명지 도선은 대략 40~50분 걸렸다. 1960년대 하단나루터에서 운영된 을숙도 유선(遊船)은 줄잡아 20여 척. 1970년대엔 더 늘어나 50여 척까지 달했다. 하단~명지 뱃길은 당시로선 황금노선이었다.

하단어촌계장인 이춘식 씨의 증언도 이와 다르지 않다.

"지금의 낙동강 하굿둑 근처에도 나루터가 있었지요. 1970년대는 옛 동산유지(현재 아파트가 들어섬) 쪽으로 나루터가 옮겨졌다가 하굿둑 건설을 전후해 없어졌어요."

하단나루터를 떠난 배는 지금의 을숙도 하단부, 하굿둑 아래 수로변 선착장에 도착했다. 당시 을숙도 선착장 주변에 주점·음식점 10여 곳이 있었고, 농가 50여 가구가 산재해 있었다고 한다. 이들 농가는 대부분 하굿둑 공사와 더불어 서푼어치의 보상을 받고 쫓겨났고, 끝까지 버티던 농민들은 1990년대 중반 을숙도 경작지 정리 때 예외없이 짐을 쌌다.

주경업 씨의 회고에 따르면 1970년대 하단나루터 주변의 정취는 낭만과 향수 그 자체였다. 낙동강 하구의 야트막한 수심과 주변의 무성한 갈대밭, 갈대밭 사이의 오솔길, 재첩국과 백합구이를 파는 가게들, 통나무와 판자를 얼기설기 엮어놓은 다리, 그 다리를 건너면 만나는 찻집과 막걸리집까지…….

하지만 주변 변화에 떠밀려 하단나루터는 자취가 사라졌고, 매립지의 인공 수로를 따라 깊숙이 들어앉은 하단어촌계 선착장이 옛 나루의 흔적을 대신하고 있다.

1960년대 하단나루터 풍경. 사진가 최민식 사진.

하단나루터에서 배를 타면 한달음에 닿던 을숙도·일웅도의 마지막 주민들은 하굿둑 건설과 함께 뿔뿔이 흩어졌다. 하굿둑이 건설되기 전 을숙도에는 90세대 389명의 주민이 살고 있었고, 이웃한 일웅도에는 48세대가 삶을 이어갔다. 이들은 월 3.3㎡당 2,000원씩의 사용료를 물며 농사를 지었다. 이들이 사는 집은 문패도 번지수도 없는 섬 속 초옥이었다. 갈대 이엉을 엮은 움막 같은 집에서 이들은 전기도 없이 여름이면 모기떼에, 겨울이면 시린 바람에 시달리며 살았다. 물에 둘러싸여 살면서도 먹을 물이 없어 하단에서 배로 마실 물을 가져와야 했으니, 그 불편은 이루 말할 수 없었다. 하굿둑 건설은 이들에게 청천벽력 같은 일이었다. 겨우 터 잡고 생계를 이어가는 이들에게 철거통보는 생활을 벼랑으로 내모는 것이었다.

하굿둑 건설 소식은 낙동강 하구의 여러 수협을 발칵 뒤집어 놓았다. 부산시 수협 소속 당시 어민 1,700여 명 중 1,100명이 하구 일원의 5개 어촌계 소속이었다. 그들은 '손바닥 들여다보듯 훤한 강바닥'을 통해 한 달 평균 40만~50만 원의 고소득을 올리고 있었다. 낙동강 하구는 어족 자원의 보고였다. 하굿둑 건설은 어족자원의 상실을 의미함과 동시에, 내일에 대한 불확실성을 증폭시키는 결과를 가져왔다.

어민들 중에도 입장이 갈렸다. 어촌계에 소속된 이들은 쥐꼬리 보상이라도 받을 수 있었으나, 그렇지 않은 대다수 어민들은 울분만 삭여야 했다. 이들은 단돈 12만 원이 없어 어촌계에 가입하지 못했고, '무지해서' 허가도 내지 않고 고기를 잡아 먹고 살던 사람들

매립지에 새로 만들어진 하단어촌계 선착장.

이었다. 직업상 엄연히 어민임에도 증명할 근거가 없어 보상에서 제외된 이들이 부지기수였다.

"뭐라꼬예, 맛을 인자는 못 잡게 된다꼬예? 아이구 이를 우짜노, 안 됨미더. 맛 못 잡으몬 우리는 다아 굶어 죽심더. 내 평생 맛만 잡아가꼬 지애비 없는 우리 새끼 여섯을 먹이고 공부시킷다 아이가. 올핸 맛이 또 얼매나 마이 났는지, 강이 나가 보면 송신해서 보도 못 한다카이."(《뿌리깊은 나무》에서 부분 인용)

하단나루터에는 하굿둑이 남긴 어민들의 절망과 한숨이 고스란히 머물러 있다. 나이 든 어민들은 20여 년 전 강이 막히던 상황을 여전히 '악몽'으로 기억한다.

일웅도-을숙도 둘레길

'일웅도 길'을 아는가. 부산 사하구 하단동 을숙도 상단부에 동그마니 들앉은 섬 아닌 섬. 지금은 을숙도라 통칭되지만, 원래는 엄연히 일웅도(日雄島)라 불리던 하중도였다. 나이 사오십 줄에 든 이라면 '그 쥑이는 갈대숲'하고 소리칠지도 모른다. 무성한 갈대숲과 고즈넉한 수로, 똥다리, 장엄한 낙조 등은 눈물나도록 아름다운 하구의 풍경이었다.

1987년 들어선 낙동강 하굿둑과 함께 옛 이야기가 되어버린 일웅도, 그 추억의 옛길을 눈부신 봄날 '걷기 달인' 여섯 명과 함께 걸었다. 걸음걸음마다 닿는 추억 때문인지, 몇은 얼굴이 붉으락푸르락 했고, 또 몇은 상념에 젖어 눈시울을 파닥거렸다.

함께 한 사람은 ▪최화수 봉생문화재단 부이사장(전 국제신문 논설주간) ▪김상화 낙동강공동체 대표 ▪윤정준 전 지리산 '숲길' 조사팀장 ▪배유안 청소년 소설 작가 ▪최을식 도보여행가 ▪이준경 생명그물 정책실장 등이다. 이들은 자타가 공인하는 '걷기 달인'들이다. 그날 추억의 길을 걸으며 함께 나눈 이야기를 소개한다.

　일웅도로 들어가는 길은 막혀 있다. 한국수자원공사 부산권관리단 사무실 뒤편 물양장의 철문으로 들어가야 하는데 문이 굳게 잠겨 있다. 이 물양장은 평소에 준설가설사무소로 쓴다. 담치기를 해야 하나? "길이 없으면 뚫어야지!" 김상화 대표가 이곳저곳을 기웃거리더니 숨은 오솔길을 찾아낸다. 갈대숲 속에 희미한 길 한 줄기가 나타난다. 뜻하지 않게 들어선 갈대숲길의 운치가 그만이다.

　"너무 좋네요. 금세 마음이 푸근해지잖아요. 갈대숲길이 주는 힘이죠. 옛날엔 이곳이 내로라는 문화계 인사들의 작품 생산지였고 좀 논다는 젊은이들의 성지 순례지 같은 곳이었어요."(최화수. 이하 존칭 · 직함 생략)

　"이만큼이라도 남아 있어 다행입니다. 1980년대 이후 처음 찾는 길이니 30년 만의 방문입니다. 감격입니다. 옛 감각이 뭉실뭉실 살아나는 것 같네요."(배유안)

　"우리가 잊고 있던 길입니다. 오늘 정말 뜻 깊은 길을 찾아 걷게 되는군요."(김상화)

　갈대숲길은 아쉽게도 얼마가지 않아 끝났다. 오솔길에서 빠져나오자 일웅도 둘레길이다. 일웅도 외곽을 따라 약 2㎞가량 이어져 있는데 모두 흙길이다. 발끝에 닿는 흙의 감촉이 마음을 가볍게 한다. 차량도, 인적도 없다. 오른쪽으로는 1,300리를 흘러온 낙동강이 강바람에 몸을 맡긴 채 묵상 중이다. 흠씬 넓어져 있는 강폭이 마음을 시원하게 뚫어준다.

한때는 을숙도와 함께 철새도래지로서 유명했던 일웅도. 1987년 11월 낙동강 하굿둑이 완공되면서 을숙도로 통합되었다. 일웅도 길은 추억의 길이 되었지만 무성한 갈대숲과 고즈넉한 수로, 똥다리, 장엄한 낙조 등은 눈물나게 아름다운 하구의 풍경이었다.

"언제 밟아보는 흙길인지 까마득합니다. 흙길이 최고지요. 흙을 돋우면 들이고 더 높이면 산이죠. 흙길을 밟는 것은 원초적 본능을 만나는 겁니다. 소 먹이러 다니던 길이 생각납니다. 다니다 보면 길이 되었지요. 부산의 해안길은 좋은 곳이 많은데, 덱(deck, 갑판) 같은 인공시설이 많아 걱정입니다. 인공시설은 최소화하고 되도록 자연미를 키워야 합니다."(최을식)

인터넷 다음 카페 '인생길 따라 도보여행'에서 활동하는 최 씨는 연간 2,000㎞를 거뜬히 걷는다는 도보여행가다. 60대 중반이란 나이가 믿기지 않을 정도로 표정이 맑고 밝다.

최화수 부이사장은 상념에 싸여 '을숙도 비화' 한 자락을 끄집어냈다.

"갈대가 어른 키보다 더 컸죠. 갈대숲 군데군데에 옴팡한 둥지가 만들어지곤 했어요. 들어가 숨으면 바로 모텔인 겁니다. 그 사랑의 둥지를 거쳐 간 사람들이 결혼하고 그랬어요."

순간 그의 눈시울이 붉으락푸르락해졌다. 이어 여담 한 자락을 펼쳐놓는다.

"1980년 이전엔 내가 일하던 국제신문에 '을숙도당'이란 작당이 있었어요. 하단 에덴공원에서 한잔 걸치고 똥다리 건너 을숙도 순례를 감행하던 무리죠. 뻑 하면 몰려갔어요. 그러니 당이지……."

김상화 대표는 이름을 지어주자고 했다.

"얼마나 멋집니까. 일웅도 길은 크게 손대지 않고 물길만 살짝 뚫어줘도 명품이 됩니다. 을숙도 하단부의 둘레길을 '을숙이 길'로, 상단부의 둘레길을 '일웅이 길'로 하면 어떨까요."

김 대표는 현실로 돌아와 시민의 걸을 권리를 제기한다.

"이러한 곳에 개발 논리가 일방적으로 적용돼선 곤란합니다. 시민들이 이곳을 걷고 싶어하지 않을까요. 그럴 겁니다. 행복을 느끼는 기준이 비슷하니까요. 일웅도는 자연성을 유지시키면서 시민들에게 돌려줘야 할 공간입니다."

최을식 씨는 '신라의 달밤'을 이야기했다.

"경주에 가면 '신라의 달밤'이란 걷기 행사가 있습니다. 약 65㎞를 밤새워 걷는데 작년엔 5,200명 정도가 왔어요. 신라라는 브랜드 말고는 코스가 별 게 없어요. 그곳에 비하면 부산의 다양한 길들은 경쟁력이 있는 겁니다. 바다를 끼고 돌아가는 해안길의 야경은 얼마나 대단합니까. 을숙도 길도 얼마든지 명품이 될 수 있어요."

"저는 걸으면서 글감을 얻습니다. 걷다 보면 몸이 사유한다는 생각을 하게 되지요. 책상에서 하는 궁리와는 차원이 달라요."(배유안)

걷다 이야기하다를 반복하던 일행은 어느새 일웅도 북단에 이른다. 두리반처럼 길이 순하게 굽이져 돌아간다. 걷는 것만으로도 기쁨을 안겨주는 강변길이다.

"을숙도는 많은 것을 생각하게 합니다. 일웅도란 이름이 사라진 것은 따져보면 인간의 탐욕 때문이죠. 여기 오면 인간은 고해성사를 해야 합니다. 겸허한 반성과 성찰이 있어야 하는데, '일웅이 길'을 되살리는 것이 구체적 방법론이라 할 수 있어요."(김상화)

"을숙도에 많은 돈을 들여 이런저런 구조물을 세웠지만, 옛날보다 좋아진 게 아무것도 없어요. 지금부터라도 자연을 남겨두는 게 최고의 자산이라는 사실을 직시해야 합니다. 순천만을 보면 길이 보입니다."(최화수)

(사)지리산 숲길 윤정준 전 조사팀장은 길뚫기 전문가다. 부산이 고향이며 도보여행가로서 '지리산 둘레길'을 뚫은 산파역이다.

"지리산 둘레길은 너무 많이 와서 탈입니다. 폭발 수준이에요. 걷고 돌아가는 길엔 택시가 호황입니다. 오는 사람을 조사해봤더니 가족이나 연인, 계모임에서 많이 와요. 심지어 시아버지와 며느리가 함께 옵니다. 세대 간 소통, 교육이 함께 이뤄지고 있는 겁니다."(윤정준)

"강에 여울이 있듯이 길에도 굴곡과 흐름이 있습니다. 이 흐름을 따라가는 것이 소통이죠. 사포지향의 도시 부산이 가진 다양한 자산들이 길을 통해 흐르게 해야 합니다."(김상화)

"프랑스 등 유럽에선 걷기가 레포츠 개념으로 정착이 됐더군요. 프랑스에는 '장자크 루소의 길' 같은 테마길이 인기더라구요. 파리에는 가이드북이 특히 볼 만했어요. 그쪽에도 길이 많지만 우리보다 예쁘지는 않더군요."(윤정준)

"부산 삼락강변공원에 오는 이들을 조사했더니 운동하는 사람보다 산책 또는 산보하러 오는 사람이 더 많다고 합니다. 도시민들이 무엇을 원하는지 잘 보여줍니다."(이준경)

"길에서 얻을 수 있는 것은 너무나 많습니다. 수직이 아닌 수평의 문화, 네트워크를 통한 지역공동체 형성 등이 그것이죠. 근·현대사가 흐르는 부산은 장소성을 중시하는 테마 걷기코스를 개발할 필요가 있습니다. 로마군대가 지나간 길을 걸으면 그당시 함성소리가 들린다고 하듯이, 부산에도 그러한 역사 문화의 길이 많지 않습니까."(윤정준)

"지금까지 도시의 길은 차량중심적, 수동적 길이었습니다. 도시가 차량에 길을 뺏겼지요. 그 길을 이제 찾아야 합니다. 걷기를 통해 자율적 주체로서 능동적으로 참여하는 '새로운 시민'을 탄생시키는 겁니다. 걷기가 도시의 가족 공동체를 회복하는 기폭제가 될 수도 있습니다."(이준경)

"길 걷기 프로그램 개발은 시민사회 몫입니다. 당국은 구역별 분야별 네트워크를 지원할 수 있겠죠. 보행자 전용 인도교 건설도 필요합니다. 상징성이 있거든요. 공공미술 개념으로 랜드마크 차원에서 접근하면 또 다른 명물이 될 수 있습니다."(윤정준)

"보행권도 제기해야 합니다. 시민들은 쾌적하게 걸을 권리가 있습니다. 쾌적하게 걸을 수 있으면 외지에서 걸으러 옵니다. 그게 곧 길걷기 문화혁명입니다."(김상화)

일웅도 가는 문은 닫혀 있지만, 마음만 먹으면 얼마든지 열 수가 있다. 시민들이 "저 길은 우리 모두의 것"이라고 선언하면 되는 것이다. 시민행동이 필요하다는 말이다. 정부의 4대강 토목사업이

일웅도를 못살게 괴롭히기 전에.

을숙도 둘레길

을숙도가 세계적 철새도래지라는 것은 누구나 알지만, 그곳에
둘레길이 있다는 것은 거의 알려져 있지 않다. 지리산 둘레길, 제

을숙도 둘레길을 걷는 환경단체 회원들. 1990년대 중반 부산시가 을숙도에 쓰레기 매립장을 조성하면서, 3~5m씩 돋워 두리반처럼 둥글게 길을 냈는데 이것이 둘레길이 되었다.

주 올레길에 견줄 정도는 아니지만, 그곳보다 훨씬 감동적이고 아픈 사연을 감추고 있다. 1990년대 중반 부산시가 쓰레기 매립장을 조성하면서, 3~5m씩 돋워 두리반처럼 둥글게 길을 냈는데 걷는 맛이 알싸하다. 자연에 대한 미안함과 부끄러움, 개발의 생채기 냄새를 고스란히 맡으며 걸을 수 있으니, 산 공부가 따로 없다.

2009년 4월 말 '습지와 새들의 친구' 낙동강 원형 걷기 탐사팀과 함께 을숙도 둘레길을 걸었다. 출발지는 부산 사하구 하단동 하굿둑 물문화관 앞. 아침까지 비가 내려 대지는 유난히 청아했다. 강바람과 바닷바람이 뒤섞여 얼굴을 간질인다. 낙동강은 하굿둑에 막혀 몸을 뒤챈다. 오래 전의 습성처럼 뒤채임이 자연스럽지만, 물속이 어떨지는 탁도가 심해 도무지 가늠이 되지 않는다. 아마 보나 마나 속을 부글부글 끓일 것이다.

출발 전 참가자들은 준비된 노란 헝겊에 소망을 하나씩 적었다. '생명에 대안은 없다' '낮은 데로 흐르는 물처럼 살았으면……' '강을 찾는 길, 나를 찾는 길, 우리를 찾는 길'……. 소망글들을 백넘버처럼 배낭에 붙인 탐사팀은 을숙도 둘레길로 뚜벅뚜벅 걸어 들어갔다.

을숙도 2차 매립장 들머리인 을숙교 앞. "쉿!" 길 안내를 맡은 김시환 습지와 새들의 친구 운영위원이 손가락을 세워 입술에 갖다 댄다.

"들리죠? 개개비예요. 소리를 표현해보세요."

초등학생 꼬마가 나서 "개개개 비비비요~"하고 답한다. 웃음이 쏟아진다. 개개비는 얼굴을 좀처럼 보여주지 않는 새다. 유전적 형질이 유사한 개개비사촌도 을숙도에 날아든다니 개개비 가족이 을숙도에 몰려 사는 모양이다.

청머리오리, 혹부리오리 등 겨울철새들이 아직 머물러 있다. 북방으로 날아갈 채비를 하는지 미친 듯이 갯벌을 뒤져 먹잇감을 찾는다. 나그네새인 도요새 무리도 간간이 눈에 띈다. 을숙도의 귀빈인 큰고니 무리는 대부분 떠났는데, 한 마리가 가지 못하고 있다고 한다. 낙오자일까 아니면 인간의 간섭으로 돌아가기를 포기한 걸까.

앗, 저건! 솔개 출현이다. 한때 전국 어디서나 볼 수 있었으나 쥐가 사라지면서 점점 볼 수 없게 된 솔개들은 죄다 을숙도에 모여든

환경단체 회원들이 을숙도 둘레길을 걷다 동물들의 배설물을 발견, 유심히 관찰하고 있다.

다고 할 만큼 을숙도가 솔개들의 주요 서식지가 되고 있다고 한다.

을숙도 남단까지 걸어 내려왔다. "엇, 저게 뭐지?" 길 한복판에 여러 종류의 배설물들이 가득하다. 어른들은 키득키득 거리고 아이들이 까르르 넘어간다.

"을숙도에 사는 삵이나 너구리들의 서식 흔적입니다. 놈들이 집단 화장실로 삼고 실례를 해놨네요. 어지간히도 많이 했군요."(김시환 위원)

길을 걷다 보면 이런 뜻하지 않은 볼거리를 만난다. 걷는 자가 얻는 행복이다. 예정 코스를 다 돌았을 때 만보계를 보니 1만 1,000보, 2시간 30분이 걸렸다.

무분별한 막개발과 복원, 추억과 상처가 뒤엉켜 있는 을숙도 둘

을숙도 남단의 탐조시설. 을숙도 복원을 위해선 둘레길에 덧칠된 콘크리트부터 걷어내야 한다.

레길. 시인들은 말하리라. 한편의 고통스럽고 장엄한 시가 여기 있다고. 개발과 파괴에 따른 과오를 뼈저리게 깨닫고, 지금부터라도 우리가 함께 쓰다듬어야 할 길이다. 그러자면 을숙도 둘레길에 덧칠된 싸늘한 콘크리트를 걷어내 흙길로 복원하는 일부터 시작해야 한다.

시인들의 노스탤지어

을숙도는 문학의 섬이다. 자연생태의 보고인 탓에 시와 소설의 단골소재가 되었고, 하굿둑이 들어선 후에는 자연훼손, 원형 성찰의 상징적 장소로 거론되고 있다. 요산 김정한의 소설 〈모래톱 이야기〉, 이문열의 〈젊은 날의 초상〉, 시인 천양희의 〈을숙도에서〉, 최정란의 〈등〉, 문정임의 〈돛배〉 같은 시는 을숙도를 직간접적인 소재로 삼고 있다.

을숙도 갈대밭은 운치가 넘친다. 해질녘 서녘 하늘을 배경으로 나는 철새들의 군무는 그 자체가 시라고 할 만큼 절대적 아름다움을 연출한다. 이문열의 연작소설 〈젊은 날의 초상〉 제2부인 하구(河口)의 무대는 바로 을숙도 갈대밭이다. 1990년대 이전까지 을숙도에는 작품에서처럼 모래를 채취하거나 밭을 일구며 사는 주민들의 농막이 갈대숲 속에 띄엄띄엄 자리했다. 하지만 하굿둑 완공과 함께 을숙도는 옛 모습을 대부분 상실했다. 이는 문학의 상실을 의미하기도 한다.

을숙도는 또한 영화촬영의 단골무대 중 하나다. 곽재용 감독의 〈엽기적인 그녀〉에서는 무사로 분장한 전지현이 무성한 갈대밭에서 현란한 칼싸움을 하는 장면이 을숙도에서 촬영되었다. 장선우 감독의 〈성냥팔이 소녀의 재림〉은 을숙도의 압축매립장 시설을 활용해 화려한 액션 신을 찍었다. 이에 앞서 1970년대에는 윤시내가 불러 히트한 〈열애〉라는 노래를 영화화한 작품(주연 김추련)이 을숙도에서 촬영되기도 했다.

그러나 을숙도는 시의 무대로서 더욱 각광받는다. 많은 시인들이 을숙도에서 그리움의 근원을 찾고, 위안을 얻거나 상처받는다.

우리가 물이 되어 흐른다면
가문 어느 집에선들 좋아하지 않으랴.
우리가 키 큰 나무와 함께 서서
우르르 우르르 비 오는 소리로 흐른다면.

흐르고 흘러서 저물녘엔
저 혼자 깊어지는 강물에 누워
죽은 나무뿌리를 적시기도 한다면
아아, 아직 처녀인
부끄러운 바다에 닿는다면.

　　-강은교 〈우리가 물이 되어〉 중

강이 물이 되어 부끄러운 처녀인 바다를 찾아가는 마지막 배웅지

을숙도의 옛 나무다리 풍경이다. 많은 시인들이 을숙도에서 그리움의 근원을 찾고, 위안을 얻거나 상처받는다.

가 을숙도다. 바다에서 소멸의식을 치르고 다시 '넓고 깨끗한 하늘로 오라'고 약속하는 마중지 또한 을숙도가 있는 낙동강의 하구다.

시인에게 을숙도 일웅도는 돛배로 되살아난다. 그 돛배에는 우리 아버지의 아버지, 어머니의 어머니들이 타고 계신다. 노 저어 흘러가던 빛바랜 추억과 함께.

돛배를 아십니까. 돛대에 넓은 천을 달고서 바람을 받아 가는 배. 내겐 휘고 오래된 배가 한 척 있습니다. 눈에 담아 두고 가끔 거풍하듯 꺼내어 보는, 언젠가 풍석(風席)배라 이름하던 작은 배. 그래요 정작 선주는 제 아버지입니다. 명지 끝물 일웅도 모래톱까지 데려다 주곤 하던, 지금은 동력선이 된 그 배가 예전엔 돛단배였습니다.

－문정임 〈돛배를 찾아서〉 중

세월도 낙동강 따라 칠백리 길 흘러와서

마지막 바다 가까운 하구에선 지쳤던가

을숙도 갈대밭 베고 질펀히도 누워 있데.

그래서 목로주점엔 한낮에도 등을 달고

흔들리는 흰 술 한 잔을 낙일(落日) 앞에 받아 놓으면

갈매기 울음소리가 술잔에 와 떨어지데.

백발이 갈대처럼 서걱이는 노사공(老沙工)도

강물만 강이 아니라 하루해도 강이라며

김해벌 막막히 저무는 또 하나의 강을 보데.

　　－정완영의 〈을숙도〉

을숙도에서 일정한 군(群)을 이루며

갈대숲을 이륙하는 흰 새떼들이

자기들끼리 끼룩거리면서

자기들끼리 낄낄대면서

일렬 이열 삼렬 횡대로 자기들의 세상을

이 세상에서 떼어 메고

이 세상 밖 어디론가 날아간다.

　　－황지우 〈새들도 세상을 뜨는구나〉 중

그러나 강길을 잃은 강물. 시인은 조용히 옛날의 영화(榮華)를 떠

올린다. 영화(映畵)는 종영되어 추억으로 남았는데, 그리움은 영화로 살아 꿈틀거린다. 시인은 예전 영화관에서 영화가 시작되기 전에 상영되던 애국가의 한 화면을 추억하고, 다시 그것을 뼈아프게 반추한다. 날아가 버린 새들을 부르는 주문처럼.

옛날 영화에서 봤다
대한 사람 대한으로 길이 보전하세 애국가가 울려날 때
허공을 가르며 비상하는 새떼,
새떼들의 을숙도 그 푸른 날개짓을 기억한다
을숙도에 와서 본다
낙동강 1300리 태백의 황지에서부터 흘러온 물길이
을숙도의 낙동강 하구언에 와서 갈 길을 잃는다
길이 막혔다 숨이 막힌다 안간힘으로도 넘어갈 수 없다
갇혀 죽은 물들의 주검들 떠돌며 맴도는 낙동강
너른 바다가 되지 못하는 낙동강물이여……
70미리 총천연색 시네마스코프 와일드 스크린
내 어린 날의 삼류극장 자주 필름이 끊기고 궂은 비 내리는
화면을 가득 메우고 날아오르던 새떼들
지금은 어느 하늘을 떠돌까
을숙도에 와서 자꾸 을숙 을숙,
그 새들의 안부가 궁금하고 궁금하다

─박남준 〈을숙도 그 옛날 영화〉 중

을숙도 갈대밭은 운치가 가득하다. 자연생태의 보고인 탓에 문학의 단골소재가 되었고, 하굿둑이 들어선 후에는 자연훼손, 원형 성찰의 상징적 장소가 되었다.

그리고는 석양에 젖어 눈시울을 붉힌다. 갯벌이 붉어지고 마음이 발개진다. 새들이 떠난 갯벌은 슬프고 아리다.

석양 때도 아닌데 눈시울이 붉어졌습니다.

마음은 자꾸 갯벌처럼 빠지고

나는 왠지 슬퍼져서

알고 있는 새들의 이름을 불러봅니다.

노랑부리저어새, 백로, 재두루미, 고니, 흰뺨검둥오리, 황새, 큰기러기

흑두루미, 검은목두루미, 백할미새

그 많던 새들은 다 어디로 갔을까요.

누가 새들을 보내버렸을까요.

강은 말이 없고

갈대들만 갈데없이 떨고 있습니다.

……그러나 나는 여기가 어딘지 잘 모르겠습니다.

을숙도가 아니라 얼룩도 같고

도래지가 아니라 도태지 같습니다.

다시 새들의 이름을 불러봅니다.

아 그런데 새들은 이곳에 없습니다.

석양 때도 아닌데 눈시울이 붉어집니다.

─천양희 〈을숙도에서〉

　얼룩도, 도태지라니! 배반당한 자연을 위로하는 언어가 조롱 또는 비아냥거림이 되어야 하는 현실이 아프다. 새들이 떠난 을숙도에서 시인은 눈시울을 붉힌다. 그리고 조용히 바라본다. 응시하다 '새의 길이 하늘의 길임'을 알고 다시 눈시울을 붉힌다. 시인이 할 수 있는 일이란, 붉게 우는 것뿐인지 모른다.

　어떤 경계를 생각해본다. 자연의 흐름에 맞춰 수천 킬로미터를 날아오고 날아가는 새들에게 인간이 만든 국경이란 얼마나 가소로운 경계인가. 철새들은 세계시민이자 지구자위대다. 철새들은 자생적 디아스포라다. 철새들의 이동은 생명과 종족 보존을 위한 필연적인 비상이다. 신유목사회의 인간도 이와 마찬가지로 철새처럼 떠돈다. 이것이 새로운 질서를 낳는다. 떠도는 자리가 불안해지면 세상의 질서가 깨진다. 철새의 눈으로 세상을 바라봐야 하는 이유

을숙도 남단의 갯벌지대는 시심을 자극한다.

다. 넓고 높게 멀리.

　　그 새들은 흰뺨이란 영혼을 가졌네

　　거미줄에 매달린 물방울에서 흰색까지 모두

　　이 늪지에선 흔하디 흔한 맑음의 비유지만

　　또 흰색은 지느러미 달고 어디나 갸웃거리지

　　흰뺨검둥오리가 퍼들껑 물을 박차고 비상할 때

　　날개 소리는 내 몸속에서 먼저 들리네

　　검은 부리의 새떼로 늪은 부화 중

　　열 마리 스무 마리 흰뺨검둥오리가 날아오르면

　　날개의 눈부신 흰색만으로 늪은 홀가분해져서

　　장자를 읽지 않아도 새들은 십만 리쯤 치솟는다네

　　－송재학 〈흰뺨검둥오리〉 중

몇몇은 공중에 둥지를 틀었다

가난은 깃털 같은 죄라며

아직도 뭍이 두려운 사람들

대낮에도 발이 빠진다

오랜 설움 안으로 안으로만 삭여온 녹슨 종처럼

눈물꽃 송이송이 목마른 갈대숲 적시고

삐삐꽃 숙부쟁이 떠난 자리에

죽어도 죽지 않는 풀뿌리들 돋아나

동행을 재촉한다 모두가

잊혀진 어제는 눈발에 젖어

상처만큼 깊어지는 강물이 되어

한 세상 눈시린 풍경으로 떤다

―박라연 〈을숙도〉 중

나는 어디서 날아온 새인가. 한때 새가 되고 싶다는 생각을 한 적이 있다. 불가능한 꿈에 날개를 달아 훨훨 날아보고자 했던 기억이 있다. 아직도 새들을 보면 마음이 설렌다, 치솟는다. 새의 흰뺨, 그 푸른 영혼의 힘으로 퍼들겅 날고 싶은 것이다. 을숙도에 날개를 달아주고 싶은 것이다.

모래톱 이야기

'을숙도' 하면 담박 떠오르는 문학 작품이 요산 김정한의 소설 〈모래톱 이야기〉다. 교과서에 실려 있는 작품이므로 웬만한 이들 은 읽어보았을 것이다. 1966년 요산이 26년간의 절필 끝에 발표한 단편 〈모래톱 이야기〉는 소외 계층이 겪어야 하는 삶의 애절함과 그 비극을 그린 작품이다.

소설은 한 교사가 낙동강 하구의 가난한 섬마을인 '조마이섬'에 서 살아가는 건우라는 가난한 제자의 이야기를 소개하는 액자소설 이다. 줄거리는 간명하다.

건우네는 아버지가 삼치잡이 원양어선을 탔다가 죽고, 할아버지 갈밭새 영감, 그리고 어머니와 함께 조마이섬에서 살아간다. 가난 하지만 평화롭던 조마이섬에 어느 날 갑자기 장마가 닥치며 위급 한 상황이 벌어진다. 섬을 통째로 삼키려고 힘을 가진 자(유력자)가 엉터리로 쌓아놓은 둑으로 인해 마을이 물에 잠길 위기에 처하자, 갈밭새 영감은 둑을 허물어버린다. 주민을 살리기 위한 고육지책이다. 이 과정에서 유력자와 한통속인 깡패 청년들과 몸싸움이 벌어지고, 화를 참지 못한 갈밭새 영감이 청년 하나를 강물에 밀어 넣는다. 이로 인해 갈밭새 영감은 감옥살이를 하게 되고, 새학기가 되어도 건우는 학교에 나타나질 않는다.

결국 〈모래톱 이야기〉는 부당하게 땅을 빼앗고 섬을 집어삼키려는 유력자에게 저항하는 한 농민의 처절한 투쟁을 통해 부조리한 현실을 고발한다. 민중소설, 농민소설로 불리는 이유다.

소설 속에 나오는 '조마이섬'은 어디를 말하는 것일까? 이 의문은 소설을 흥미롭게 읽히게 하는 소재적 장치이면서 작가의 자연관을 암시한다. 소설 속에는 '조마이섬'이 다음과 같이 그려진다.

이 고장 사람들이 젖줄같이 믿어오는 낙동강 물이 맨들어준 우리 조마이섬……. 길가 수렁과 축축한 둑에는 빈틈없이 갈대가 우거져 있었다. 쑥쑥 보기 좋게 순과 잎을 뽑아 올리는 갈대청은, 그곳을 오가는 사람들과는 판이하게 하늘과 땅과 계절의 혜택을 흐뭇이 받고 있는 듯, 한결 싱싱해 보였다……. 낙동강 하류의 삼각주 일대가 대개 그러하듯이, 이 조마이섬이란 데도 부락을 이루고 사는 것이 아니라 그저 한 집 두 집 띄엄띄엄 땅을 몰고 있을 따름이었다……. 아침저녁 그 속에서 갈밭새들이 한결 신나게 따그르르 따그르르 지저귀어 대면 머잖아 갈목도 빠져나온다.

이러한 묘사는 요산이 〈모래톱 이야기〉를 발표한 1966년 전후의 흔한 정경일 것이다. 강 속 섬인 을숙도의 자연에 순응하며 사는 순박한 농민의 모습이 흑백사진처럼 그려진다.

요산은 조마이섬에 대해 뚝 부러지는 입장을 밝히지 않았다. 그래서 해석이 분분했다. 어떤 특정한 섬이 아니라, 낙동강 하구의 조막만한(자그마한) 섬, 강서구 조만포의 어느 섬, 상상 속의 모래톱 등으로 해석되기도 했다. 작가는 바로 이것을 노렸을 수도 있다. 소재를 중의적으로 활용하는 장치 말이다.

생전에 요산은 문단 후배들과의 모임에서 조마이섬에 대해 이렇게 술회한 적이 있다.

"몇 해 전에 어느 신혼부부로부터 〈모래톱 이야기〉 속의 조마이섬으로 신혼여행을 가고 싶다는 전화를 받았지. 그런데 여러 관공서에 문의해도 조마이섬의 위치를 알 수 없었다는 거라. 그때 내가 일러줬지. 조마이섬은 실재의 섬은 아니지만 모델은 을숙도와 일웅도라고."

'낙동강 파수꾼'으로 불리며 평생 낙동강 곁에서 살았던 요산이 을숙도의 자연가치와 그 속에서 사는 농민들의 현실을 외면했을 리 없다. 을숙도로 상징되는 자연성과 민중의 삶의 권리를 극적으로 표출하는 방법으로 '조마이섬'을 끌어왔을 것이란 분석이다. 실제로 을숙도의 당시 상황도 소설 속 설정과 비슷하다.

을숙도에 가보면 요즘도 요산의 숨결이 느껴진다. 갈밭 사이로 불어오는 바람결에 요산의 올곧은 정신이 북소리가 되어 가슴을 울린다.

'사람답게 살아가라. 비록 고통스러울지라도 불의에 타협한다든가 굴복해서는 안 된다. 그것은 사람이 갈 길은 아니다.' 요산이 소설 〈산거족〉에 쓴 문장처럼, 그의 정신은 이제 낙동강을 따라 바다가 되었다. 요산의 어록은 '이 세상을 좀 더 살만한 곳으로, 함께 잘 사는 곳으로 만들어야 한다'는 뜻일 게다. 요산이 삶과 문학을 통해 그토록 약한 사람, 낮은 백성을 사랑하고 권력을 부당하게 휘두르며 자신의 뱃속을 채우는 강자들을 비판하고 억압에 저항했던 것은 결국 '좀 더 좋은 세상'을 위한 염원의 표현일 테다.

그런데 정부의 '4대강 사업'이 말해주듯, 현실은 자꾸만 거꾸로 돌아가는 듯하다. 하굿둑을 세워 을숙도를 반쯤 못쓰게 만들더니 이제 낙동강 전체를 난개발로 몰아넣고 있다. 정부의 계획대로, 낙동강에 높이 9~11m의 콘크리트 대형 보가 10개나 세워지고 곳곳에 슈퍼제방이 축조되며, 수심이 평균 6m 정도로 깊어지면 낙동강은 과연 살아날 것인가. 살리기는커녕 교각살우(矯角殺牛)의 우를 범하지 않을까 우려된다. 요산이 되살아나 이 살풍경을 본다면 아마 펄쩍 뛰며 "그건 사람이 갈 길이 아니다!"라고 목청을 높일 게 뻔하다.

〈모래톱 이야기〉의 주제의식-즉 소외지대 사람들의 비극적 삶과 부조리한 현실에 대한 저항-이 오늘 벌어지는 상황과 너무나 유사하다. 개발을 명분으로 유력자는 잇속을 챙기고, 민중들은 삶의 터전에서 내쫓겨야 하는 현실 말이다. 바뀐 것이 있다면 권력이 자본으로 대체된 대목이다.

소설의 결말 부분에서 갈밭새 영감이 내지르는 호통이 예사로 들리지 않는다. '이 개 같은 놈아, 사람의 목숨이 중하냐, 네 놈들의 욕심이 중하냐?'

'낙동강 파수꾼'으로 불리며
평생 낙동강 곁에서 살았던
요산 김정한.

역사는 반복된다는 말이 유효하다면, 과오를 곱씹어 기억하지 못하는 민중은 똑같은 방식으로 당할 수밖에 없다. 그렇게 당하는 추억은 추억이 아니리라.

요산(樂山)의 눈빛

요산 김정한은 부산문단의 대부이자 한국 민주화운동의 정신적 지주 같은 분이었다. 그는 사람을 품는 넉넉함과 포용력을 가졌고, 불의를 그냥 넘기지 않는 단호함이 있었다. 무엇보다 인간됨이 남달랐다. 후학들과 문인들은 그런 그를 존경하고 흠모했고 그의 그늘에 숨어드는 것을 편안하게 생각했다. 때문인지, 요산에 대한 후일담은 아직도 간간이 회자된다. 그에 대한 내용은 민주화운동에 관한 것이거나 문단의 일상에 관한 것 또는 낙동강에 관한 것이 많다.

'사람답게 살아가라. 비록 고통스러울지라도 불의에 타협한다든가 굴복해서는 안 된다. 그것은 사람이 갈 길은 아니다.' 생전 요산은 자신이 사는 부산 서구 동대신동 아파트의 거실 벽면에 이 어록을 걸어놓고 있었다. 그러고는 집을 방문하는 사람들을 앉혀놓고 이런저런 안부를 묻고는 긴말하지 않고 물끄러미 어록에 한두번 눈길을 주는 것으로 할 말을 대신했다. 그때 요산의 눈빛은 매섭고도 명료했다. 본질을 꿰뚫는 투시에 방문자들은 때때로 얼이 빠졌다. 만년에 노쇠해져 몽롱한 정신을 추스르기 어려울 때에도, 요산은 예의 눈빛을 좀처럼 재우지 않았다.

1970~80년대, 당시 야당 정치인이
던 김영삼 전 대통령과 김광일 전 대통
령비서실장 등은 부산에 내려오면 당연
한 관행처럼 요산을 찾곤 했다. 마치 큰
집을 찾아 집안 어른을 뵙는 식이었다.
그때도 요산의 눈빛은 다르지 않았다.

요산의 삶이 치열했다는 데에는 이견
이 없다. 요산의 일대기는 그대로 격랑
의 현대사이면서 부산 문학사이다.

생전 요산은 자신이 사는 부산 서구 동대
신동 아파트의 거실 벽면에 '사람답게 살
아가라'는 어록을 걸어놓고 있었다.

1908년에서 1996년까지 한 세기의 시작에서 그 끝 지점까지, 그는
행동하는 양심으로, 흔들림 없는 기록자로 살았다. 민중과 민주화
에 대한 그의 신념은 초지일관 구심점이 명료했다.

1936년 소설 〈사하촌〉으로 조선일보 신춘문예에 당선되어 등단
한 요산은 항일 작품활동을 하다 1940년 절필, 1966년에 문단에 복
귀한다. 꺾은 붓을 26년 만에 다시 세워 써낸 작품이 〈모래톱 이야
기〉다. 그때 나이가 58세. 다가오는 황혼은 그에게 새로운 도전이
었다. 이후 요산은 〈유채〉〈수라도〉〈뒷기미 나루〉〈산서동 뒷이야
기〉 등 가슴에 저며 둔 이야기들을 활화산처럼 뿜어냈다. 이때 요
산의 관심은 애오라지 낙동강이었다. 강변 '따라지(민초)'들의 간난
과 애환, 짓눌림은 요산의 발성을 통해 낙동강을 타고 도도히 흘러
갔다.

요산은 평생 부산을 벗어나지 않았다. 문단과 재야의 '언덕'이 되
어 전국 대표 자리를 맡고 있을 때나, 군부독재에 맞서 민주화의 선

봉으로 활동할 때도 그의 눈빛은 지역(부산)을 향해 있었고 낙동강에 쏠려 있었다.

문단 후배들의 평가를 모아보면, 그는 인정 많은 '부산 싸나이'였다. 문학평론가 김중하(전 부산대 교수)는 요산의 정신을 '정의와 포용' 두 단어로 정리한다. 요산을 저항적 작가로만 보는 것은 편협한 시각이며, 그에겐 저항을 뛰어넘는 인간적 너그러움이 있었다는 것이다.

요산을 누구보다 잘 알고 있는 고 윤정규(소설가)의 회고도 이와 비슷하다.

"요산은 민주화에 대한 열정 못지않게 인간에 대한 애착이 강했다. 겉으로는 강골처럼 보이지만 속마음은 그지없이 온화했다. 어렵게 사는 후배를 만나면 단돈 몇천 원짜리 밥값이라도 당신이 계산해야 직성이 풀렸다."

요산을 이어 '낙동강 문학'을 깊이 파고들었던 작가 강인수의 블로그에는 요산의 유별난 '성미'를 엿보게 하는 재미있는 후일담이 소개돼 있다. 발췌해본다.

32년 전 1977년 봄, 소설가 이규정 선생과 필자 둘이서 요산 선생님 댁(부산 서구 대신동 삼익아파트)을 찾아 내외분을 모시고 낙동강의 하구 하단으로 향했다. 선생님께서 자주 들린다는 지금의 하구언 조금 아래의 '그집'(음식점) 2층에 자리를 잡았다. 선생님은 그해 고희(古稀)를 맞았다. '그집'은 낙동강 강물과 갈대밭을 조망할 수 있는 전망 좋은 집으로, 이런 좋은 안을 낸 것은 이규정 선생이었다. 해묵은 '나의 일기장'의 것

사람답게 살아라

'을숙도' 하면 떠오르는 문학 작품은 요산 김정한의 소설 〈모래톱 이야기〉이다. '낙동강 파수꾼'으로 불리며 평생 낙동강 곁에서 살았던 요산이었다.

을 여기 초록해본다.

1977년 4월 18일 맑음.

작품 〈남항〉을 탈고하여 요산 선생님께 보이려고 방문 준비를 하는데 마침 이규정 형이 전화로 선생님 댁을 방문하여 하단에 가서 저녁식사 대접을 하자고 했다. 내외분을 모시고 택시로 하단으로 향했다. 하단의 '그 집'은 선생님이 가끔 들리는 음식점이라고 한다. 선생님이 좋아하는 숭어회와 장어구이와 정종을 시켰다. 선생님은 "숭어와 은어는 어떻게 잡는가?" "죽도화와 황매는 같은 것인가?" 이런 질문을 하셨다. 선생님은 제자를 만나 한 잔 하게 되면 질문을 하여 그것을 화두(話頭)로 삼으신다. 대충 이야기가 끝나면 "소설은 정확하게 사실대로 써야 한다"는 말씀을 곧잘 덧붙였다.

선생님은 술이 한 잔 되자 당신이 살아왔던 가장 괴로웠던 1950년 한국전쟁 시기에 겪은 일을 말씀하셨다. 옆에서 사모님도 몇 말씀 도왔다.

'남으로 남으로 적들이 전진해왔을 때 후방에서는 사상에 의심이 있는 사람을 색출하기 위해 보도연맹이란 걸 만들어. 나도 부산교도소에 수감되었지. 지금 내가 사는 아파트 자리지. 그때 감방장을 지냈지. 철사로 묶어서 수영 앞바다에서 총살시킨다고 했어……. 쌀밥 한 그릇 먹고 죽었으면, 하는 게 소원이었어. 죽음은 별로 두렵지도 않았어. 어느 날 감방의 사람을 모두 불러내어 분류할 때, 법무관이 권총을 빼들고 고함을 치며 나를 다른 쪽으로 몰아 몰아넣었어. 그래서 살게 되었지. 그 법무관은 제자였어. 남해 소학교 교원으로 있을 때 일제 때인데 학비가 없어 등교정지 당해 학교를 그만두려 했는데 내가 학비를 대납하여 학업을 계속하게 했지. 그래서 목숨을 구했어……. 그 사람 지금은 사법서사를 하고 있다 해(그 당시 선생님의 자제는 2남 5녀였고, 가족들의 고생담도 들려주셨지만 생략). ……평생 약 한 첩 몰랐는데 올해는 2만 원짜리 한약 한 제 처음으로 먹었어.'

밤 9시경 '그 집'을 나오니 밤바람에 갈대가 서걱이고 있었다. 택시를 불러 댁으로 모셔드렸다.

선생님이 88세(1908-1996)로 운명하시던 그 며칠 전 늦가을, 윤정규, 이규정 형과 나 셋이서 선생님이 입원하고 계시던 동아대 병원을 찾았다.

선생님은 휠체어에 앉아 "자네들, 아파서 우째 죽을래? 나 요즈음 아파서 못 살겠다. 목 매어 자살할라고 몇 번이나 생각도 해봤다……. 자네들 아파 우째 죽을래?" 그 말씀이 지금도 귀에 생생하다.

3

수난 그리고 거대한 상실

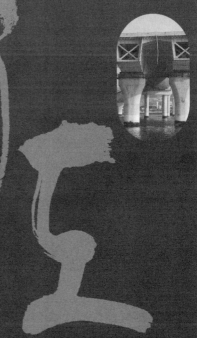

압축매립의 기억

1993년 6월 1일 부산 사하구 을숙도.

새벽공기를 가르고 암롤 청소차들이 꼬리에 꼬리를 물고 하굿둑 다리를 건너고 있었다. 하굿둑 도로에 뽀얀 먼지가 일었다. 청소차들은 을숙도 상단부(일웅도)를 P자 형태로 한 바퀴 돌아 굴다리를 통과해 을숙도 쪽으로 진입했다. 검수(檢受)를 마친 차들은 압축공장 입구 집하장에다 싣고 온 쓰레기를 들이부었다. 새벽 운무 속에 먼지와 악취가 폴폴 피어났다. 새벽녘의 난데없는 대소동에 새들이 놀라서 정신없이 날아올랐다.

쓰레기 반입 첫날 을숙도에는 약 3,500t이 들어왔다. 쓰레기는 각양 각종 각색이었다. 일반쓰레기와 함께 병, 깡통 심지어 벽돌과 철근까지 뒤섞여 있었다. 분리수거가 제대로 되지 않은 쓰레기들이 압축기계에 마구 들어가면서 기계가 끼이끽~날선 쇳소리를 냈다.

쓰레기 더미를 묶는 철사는 인장 강도가 약했던지 툭하면 터졌다. 김밥 옆구리 터지듯이 쓰레기를 묶은 철사 다발이 풀리면 압축공장 한 켠은 아수라장으로 변했다. 처리 기사들은 쓰레기 더미에 침을 퉤퉤 뱉으며 터져 나오는 욕지거리를 참았다. 국내 처음으로 도입된 쓰레기 압축처리라 시행착오는 어쩔 수 없었다.

이번에는 적치장에서 쓰레기를 담아 컨베이어 벨트로 옮기는 페이로드(골재운반용 중장비)가 애를 먹였다. 페이로드의 대형 바퀴에 떨어져 나간 병들이 깨졌고 쓰레기가 바퀴 사이에 끼면서 작업 효율이 떨어졌다. 압축기까지 쓰레기를 전달하는 길이 25m의 컨베이어 벨트도 구동장치에 쓰레기의 이물질이 끼면서 툭하면 멈춰 섰다. 무리를 받은 압축기 5대가 번갈아가며 고장을 일으켰다. 이 때문에 당초 하루 15시간만 가동키로 한 것이 20시간 가까이 가동하는 일이 벌어졌다. 처리 효율이 떨어지면서 새벽 청소차들의 행렬은 길어졌고, 하굿둑을 넘는 차량들의 출근길 정체도 심해졌다.

쓰레기 매립사업을 맡은 성일건설은 쓰레기 반입 1주일이 안 돼 일부 쓰레기를 직매립하기 시작했다. 압축기를 거치지 않는 직매립은 애초 계획에 없던 매립 방식이다. 을숙도가 문화재보호구역이란 점을 감안해 압축매립을 통해 최대한 쓰레기에서 흘러나오는 침출수를 줄이기로 한 계획이 처음부터 삐걱거렸다.

악취 민원

6월이 지나고 7월이 되면서 악취 민원이 터졌다. 사하구 하단동 가락타운 주민들과 신평동 일원의 주민들은 쓰레기 냄새 때문에 창문을 열 수 없다며 집단 민원을 제기했다. 지금까지 공장지대에

을숙도 쓰레기 매립장은 임시방편으로 강구된 대체 매립장이었다. 당초 1년 6개월 정도만 사용키로 했음에도 부산시는 무려 4년 5개월간 총 472만 8,300t의 쓰레기를 매립했다. 을숙도는 이렇게 쓰레기 무덤이 되었다.

서 나타나던 민원과 다른 양상이었다. 부산시도 긴장하지 않을 수 없었다. 주민들은 저기압이 통과하거나 날씨가 흐려지면 바람을 타고 쓰레기 악취가 더 심해져 구토와 두통까지 유발된다며 근본 대책을 호소했다.

성일건설은 부랴부랴 쓰레기 집하장에 탈취제를 추가로 살포하고, 악취 제거용 자동분사기를 설치하는 등 보완책을 마련했으나, 민원은 수그러들지 않았다. 쓰레기 처리를 중단하지 않는 한 근본 대책이 나올 수 없었다. 이 같은 민원은 쓰레기 매립이 끝날 때까지 중단 없이 이어졌다.

매립장의 침출수 처리시설도 애를 먹였다. 애초 하루 700t 처리 용량의 집수정을 설치해 10마력짜리 펌프 2대를 돌려 침출수를 빼

내기로 했으나 비가 오면 노면수가 섞여 흘러넘치곤 했다. 애당초 처리시설의 용량이 부족했던 탓이다. 침출수 및 노면수가 유출되어 을숙도 인근 어장이 피해를 입자 이번에는 어민들이 민원을 제기했다. 1996년엔 침출수 농도가 BOD(생물학적산소요구량) 기준 1만 2,000㎎/l을 기록, 이를 받아들이는 장림하수처리장이 비명을 내질렀다. 초고농도의 침출수는 하수처리장의 소화불량을 야기했다. 을숙도 매립장에서 나오는 침출수는 매립 10년이 지났는데도 하루 평균 150t가량이 발생하고 있으며, 농도가 BOD 100㎎/l을 오르내린다.

매립장의 가스배출 처리시설도 불안했다. 쓰레기 처리를 시작한 지 4개월 만에 급기야 1공구 침출수 집수정의 메탄가스 처리시설이 폭발했다. 이 사고로 성일건설의 전기기사 2명이 전신 3도의 중화상을 입고 병원으로 실려 갔다. 매립이 얼추 마무리된 1단계 1공구의 쓰레기 52만t에서 하루 평균 6만㎥의 메탄가스가 발생하고 있었음에도 안전시설은 허술했다.

가스는 매립장의 방귀다. 매립지에서 생성되는 매립가스는 주변 지역의 대기오염과 이산화탄소 방출에 의한 식물에 대한 악영향, 악취와 분진에 의한 민원발생, 화염 및 폭발 등의 2차 공해 예방을 위해 포집 처리된다.

매립지 내의 가스는 주성분이 메탄과 이산화탄소지만, 유기물 분해시에는 황화수소, 암모니아, 초산, 머캅탄류, 아민류 등의 저분자 유·무기화합물들이 동시에 발생하여 고약한 악취를 유발한다.

가스 발생 메커니즘은 보통 5단계로 구분되는데, 조절단계→전

을숙도 쓰레기 매립장 안내문.

이단계→산 형성단계→메탄 형성단계로 넘어간다. 초기의 호기성 상태에서 점차 혐기성 상태로 진행되며 매립후 1~2년이 경과하면 주성분인 메탄과 탄산가스의 배출이 일정해진다.

　매립 가스는 쓰레기의 구성성분, 온도, 반응 정도, 수분함량 등에 따라 다르고 계절별 일조량, 풍량, 풍속에 따라 악취 강도가 달라진다. 을숙도의 경우 매립 10년이 지나면서 메탄 형성단계를 지나 원숙단계에 접어든 것으로 분석된다. 인근 주민들을 그토록 괴롭히던 악취 민원이 바람과 함께 사라지면서 후각을 괴롭히던 기억도 풍화되고 있다.

4년간 472만t 매립

을숙도 쓰레기 매립장은 부산시가 석대매립장 사용만료 후 생곡 매립장 확보에 차질을 야기하면서 임시방편으로 강구된 대체 매립장이었다. 을숙도 매립 계획이 알려지자 부산지역 시민사회는 '있을 수 없는 일'이라며 발끈했다. 부산시는 '쓰레기 대란'을 우려하며 환경피해를 최소화하는 선에서 사후 복원계획을 제시했다. 여론은 쓰레기 대란을 원하지 않았다.

최종 열쇠는 문화재청(당시 문화재관리국)이 쥐고 있었다. 동양 최대의 철새도래지에 쓰레기 매립장을 허가한다는 것은 일대 결단이 요구되는 사안이었다. 부산시는 문화재청을 집요하게 설득했다. '대안이 없다. 1년 6개월만 사용하면 생곡매립장이 문을 연다. 환경오염은 없게 하겠다. 쓰레기 매립 후 주변 생태계 복원사업을 하겠다……' 문화재청은 흔들렸다. 여론의 추이를 살피던 문화재청은 문화재보호구역이란 특성을 감안, 몇 가지 조건을 달아 허가를 해주었다. 조건은 쓰레기 비산(날림) 및 악취, 침출수 등을 막기 위해 쓰레기를 압축매립하여 복토할 것, 해양오염이 안 되게 할 것, 매립 완료 후 철새도래지 복원을 강구할 것 등이었다. 압축매립은 국내에서 한 번도 시행되지 않은 매립방식으로, 문화재보호구역에 대한 작은 배려였다. 을숙도는 이렇게 제 가슴을 열어 쓰레기를 받았다.

개장 일정에 쫓긴 부산시는 충분한 시설을 갖추지 못한 채 매립장을 졸속 가동했다. 당초 1년 6개월 정도만 사용키로 했음에도 기간은 대폭 늘어났다. 1993년 6월부터 95년 10월까지 1차 매립(면적

을숙도 쓰레기 매립장의 관리사무실.

29만 7,654㎡)을 끝낸 부산시는 생곡매립장의 공사 차질 등을 이유로 95년 11월부터 97년 말까지 2차 매립(면적 19만 1,740㎡)을 시행했다. 부산시는 1, 2차에 걸쳐 무려 4년 5개월간 전체 면적 48만 9,394㎡에 총 472만 8,300t의 쓰레기를 매립한 다음 손을 털었다.

을숙도는 이렇게 쓰레기 무덤이 되었다. 쓰레기 속에는 썩는 것들도 있지만 병이나 캔, 플라스틱, 비닐 같은 영구히 썩지 않는 것들도 있다. 매립 심도는 1차 매립장이 14.3m, 2차 매립장이 10.8m이며, 중간 복토는 폐기물층 3m마다 30㎝, 최종 복토는 90㎝이다. 가스포집시설은 1차에 80개소, 2차에 71개소가 각각 설치돼 있다. 전체 공사비는 542억 원(1차 372억 원, 2차 170억 원)이었다.

매립은 끝났지만 후유증은 언제 끝날지 모른다. 폐기물관리법에 따라 부산시는 매립 후 20년간 환경영향조사를 통해 사후 관리를 하도록 돼 있다. 쓰레기가 곱게 썩어 안정화되기를 바라지만, 어떤 문제가 발생할지는 아무도 모른다. 외부 상황에 따라 시한폭탄이 될 수도 있다.

분뇨와의 질긴 인연

부산 사하구 괴정동 대티터널을 지나 하단동의 낙동강가로 접어들면서 구리하고 들큼한 냄새가 코끝으로 파고들었다. 강으로 가까이 다가갈수록 냄새가 더 짙어졌다. 어른들은 콧등을 씰룩거리고, 아이들은 '안 좋은 냄새'라며 이맛살을 잔뜩 찌푸린다. 팔짱 낀 연인들은 냄새 속에서도 팔짱을 풀지 않는다. 사랑이 묘약인 게다. 강바람에 갈대 서걱이는 소리와 뒤섞이는 똥냄새. 이건 을숙도가 아니면 만날 수 없었던 공감각적 추억이다. 갯내음과 똥내음이 묘하게 뒤섞여 후각을 평정하고 나면, 을숙도 가는 나룻배가 똥다리 끝에서 신호를 보냈다. "배 떠나유~"

을숙도로 들어가는 하단 똥다리는-발음이 좀 뭣하기는 해도-'문화재급 추억'을 간직한 웃지 못할 명소다. 여기서 똥배가 떴고 나룻배(도선)가 오갔으며 선남선녀들의 사랑과 우정이 싹텄다. 그 추억을 공유한 7080세대라면, 아마 콧등을 씰룩거릴 게다. 아릿한 '후각의 추억'이 강바람에 실려 온다.

　을숙도는 일찍이 똥(분뇨)과 끈끈한 인연을 맺어왔다. 똥은, 겉으로는 더럽다고 할지 모르지만, 인간의 몸 구석구석을 거쳐 빠져나온 노폐물이어서 가장 인간다운 폐기물이다. 똥을 잘 쓰면 거름이 되는 이유다.

　을숙도의 분뇨처리 역사는 1950년대로 거슬러 올라간다. 이전

을숙도 남단의 분뇨해양처리 선착장. 1992년 6월부터 위생처리장에서 전처리한 분뇨를 해양처리장을 통해 해양투기하기 시작했다. 선박에 실려진 분뇨는 부산항 기점 50㎞ 공해상에 투기됐고, 최근까지 하루 평균 3,500㎥가 처리되었다.

까지 분뇨는 논밭에 뿌려져 거름으로 사용됐다. 그러다 6·25전쟁 이후 급격한 인구증가로 부산지역의 분뇨 발생량이 크게 늘자 간이 처리한 다음 낙동강 하구에 방류하기 시작했다. 이때 일부 시민들은 낙동강을 '낙똥강'으로 부르기도 했다.

1960년대 중반부터 화학 비료가 공급되면서 분뇨의 낙동강 방류량이 늘어났고, 오염문제가 불거지자 1973년 6월 사상구 감전동에 습식산화식(濕式酸化式) 분뇨처리장이 건설됐다. 오늘날 감전동 위생처리장이다. 위생처리장의 분뇨는 협잡물이 제거되어 을숙도로 이송됐다. 이렇게 처리되던 것이 산화분지(酸化糞池) 방식이다.

산화분지는 별도의 시설이 있는 것도 아니었다. 오늘날의 을숙도 2차 쓰레기 매립장 일대에 널찍한 구덩이를 파서 분뇨를 부어두면, 상등수(윗물)와 하등수(속물)로 분리돼 일부는 떠내려가거나 산화되고 나머지는 거름으로 쓰였다.

산화분지는 을숙도 똥다리와 함께 중년 세대들의 추억과 향수를 자극한다. 을숙도 똥다리를 안다면 그는 필시 을숙도의 운치와 매력을 아는 사람이다. 똥다리는 사하구 하단동의 갈대밭 선창에 50m 넘게 길쭉하니 뻗어 있었다. 지금의 하단 가락타운 뒤쪽의 낙동강변이다. 여기서 똥배가 떴고 나룻배(도선)가 오갔다. 가히 문화재급 추억의 산실이다. 1975년 10월부터 1992년까지 을숙도에서는 하루 평균 1,200㎥의 분뇨가 자연여과 방식으로 처리됐다. 수거분뇨를 처리 않고 낙동강에 버렸다가 적발된 사례도 있었다.

부산지검은 수거된 분뇨를 화학처리하지 않고 낙동강 하류에 그대로 내버린 부산시위생처리장 공무원 3명과 운반선박 소유주 등 모두 5명을 환경보전법 위반 혐의로 구속영장을 신청했다. 이들은 부산시내에서 수거한 1일 1,600여t의 분뇨를 북구 감전동의 화학처리장과 을숙도의 간이처리장만으로 모두 처리할 수 없자 만조 때를 틈타 엄궁동의 낙동강 하류에 약 6개월간 하루 200여t씩 2만 5,000여t을 내버려 공공수역을 오염시켜왔다는 것이다. (국제신문 1979년 1월 11일자)

그후 1992년 6월부터 위생처리장에서 전처리한 분뇨를 해양처리장을 통해 해양투기하기 시작했다. 분뇨 해양처리를 위해 위생처리장에서 일웅도 송분장(3.75㎞)까지 분뇨운반선이 운항됐으나 낙동강 오염을 우려한 주민들의 민원으로 위생처리장에서 을숙도 해양처리장까지 6.7㎞의 분뇨 이송관을 따로 설치했다.

해양처리장이 들어선 곳은 을숙도 남단 동편 일대. 선박에 실려진 분뇨는 부산항 기점 50㎞ 공해상에 투기됐고, 최근까지 하루 평균 3,500㎥가 처리됐다. 그러다 런던 협약 등 국내외 폐기물 해양투기 규제조치 등에 따라 부산시는 2005년 분뇨 하수 연계처리방법(SEIL-BIO 시스템)을 도입, 하수 수준으로 1차 처리하여 하수처리장으로 보내고 있다.

을숙도 하단부를 돌아다니다 보면 바람결에 배어 있는 꿈꿈한 냄새를 맡을 수 있다. 똥다리와 산화분지, 밀려들던 똥차와 해양처리장이 남긴 씻기지 않는 냄새다.

개발의 물막이 '하굿둑'

부산 사하구 하단에서 을숙도로 가려면 반드시 하굿둑 다리를 건너게 된다. 강과 바다를 차단한 하굿둑을 보고 '대단한 기술력'이라고 감탄하는 사람이 있을지도 모른다. 대단한 기술력인 것은 맞다. 하지만 당시 개발의 후유증은 20년이 지난 지금까지도 심각하게 진행되고 있다. 낙동강의 수많은 문제가 하굿둑에서 기인하고 있다. 하굿둑은 어떻게 해서 설치되었던가.

지역 언론들은 1978년 연초부터 낙동강 하굿둑 건설의 필요성을 역설하며 조기착공을 촉구하기 시작했다. 분위기에 편승한 정부도 하굿둑 건설을 포함한 낙동강 개발사업계획을 공표하는 등 하굿둑 건설을 기정사실화하는 방향으로 나아갔다. 낙동강 하굿둑의 경제적 타당성을 진단하는 타당성조사는 1974년부터 77년 사이에 이미 끝난 상태였다.

당시 중동지역의 경기가 퇴조해 국내의 대규모 건설 프로젝트가 필요했는데, 그 대상지가 낙동강 하구라는 말도 공공연하게 흘러나왔다. 낙동강 하구 개발 입안과정에서 대형 건설사들의 로비가 작용했을 것이란 추측도 심심찮게 떠돌았다.

1978년 3월 말께 중동에서 철수하는 대형건설사들 가운데 하나인 H건설 제안으로 낙동강 하류개발이 진행된다는 소문이 돌았다. 하굿둑 건설의 주목적이 염해방지와 용수확보라지만, 그 허울 뒤에 숨겨져 있는 진짜 목적은 낙동강 하구 일대를 매립하여 공단을 조성하는 것이라는 이야기가 공공연히 흘러나왔다.

갖가지 소문이 분분해지면서 낙동강을 지켜야 한다는 시민사회의 공감대가 확산되어 1978년 5월 20일 언론계·학계·문화계 인사 52명이 발기인으로 참가해 모임이 결성됐다. 국내 최초의 민간 환경단체인 낙동강보존회다. 선언문은 지금 다시 읽어도 울림이 쟁쟁하다.

낙동강은 천연의 빛과 숨소리를 잃어가고 있다. 푸른 하늘과 흰구름이 맑게 투영되던 강심은 이제 흐려져, 그 하늘빛과 그 구름의 그림자가 비치지 않는다……. 단 하나밖에 없는 수려한 국토, 단 하나밖에 없는 낙동강, 그 강을 파괴와 오염과 훼손의 손아귀에서 구출해야 한다…….

낙동강보존회는 하굿둑의 음모를 저지하는 선봉을 자임하고 대정부 건의문, 청소대회, 강연회 등 다양한 활동을 펼친다. 당시 분위기는 발기인의 한 사람으로 중추적 역할을 한 박중성 이사(당시 국제신문 정경부 기자)가 쓴 '낙동강보존회 태동기'란 글에 잘 나타나 있다.

부산 사하구 하단동과 강서구 명지동 사이의 낙동강 하류를 댐식으로 가로질러 막은 낙동강 하굿둑. 길이는 2,400m이며 1983년 3월 공사를 시작하여 1987년 11월에 준공했다.

낙동강 하굿둑 건설 당시(1987년, 위)와 오늘날의 모습.

우리가 강의 신탁을 받고 어떤 불가불념의 광기에 걸려 '낙동강을 살리자!'고 들고 나섰을 때에는 이미 강의 하구를 대단위로 매립하려는 음모가 상당히 무르익었을 무렵이었다. 당시 필자는 H재벌의 J회장이 몇 해 전부터 하구 일대 8,600여 만 평을 매립, 중공업단지 및 접안시설을 조성키 위해 타당성 조사를 해왔다는 기절초풍할 정보를 입수하였다. 이는 곧 사실로 확인되었다. ……공업입국, 사해약진이 새마을운동 버금가는 위력적인 구호로 통하던 그때 우리들 부산의 깡아리 있는 문인들, 각급 학교 선생님들, 지상에 자기를 표출할 길을 잃고 독자에 대한 죄책감에 쫓기던 기자들은 하구 매립계획을 저지하기 위해 분연히 일어났던 것이다…….

개발과 보존 어느 것이 옳으냐를 가리는 것은 부질없는 것일는지 모른다. '새만 보면 먹고 사나?'라고 하던 무식한 어느 고관의 망언과 '새가 못 살면 사람도 못 산다'는 어느 시인의 경고는 어떤 합일점을 찾기가 어려운 듯하다. 관점의 차이이기 때문이다.

1978년 창립된 낙동강보존회는 낙동강을 보호하고 시민들의 환경의식을 키우기 위해 다양한 활동을 펼쳐왔다.
사진은 1997년 1월 10일 부산역 광장에서 열린 '위천공단저지 부산시민 항쟁대회.'

이러한 와중에도 정부의 낙동강 하굿둑 조성 및 매립 계획은 구
체화되고 있었다. 낙동강보존회가 1980년 3월 11일 정부와 관계
기관에 보낸 건의문에는 개발의 문제점과 위험성이 잘 적시되어
있다.

……낙동강 하구를 개발이란 이름으로 미숙한 계획에 의하여 그 본연의 환경조건을 파괴하는 것은 300만 부산시민의 삶의 터전을 파괴하는 것과 같다. ……상류지역의 오염규제를 철저히 하고 있지 못한 현 실정에서 하구언을 건설한다면, 상류에서 오는 오염된 강물과 토사를 완전히 방출하지 못하게 되어 시민의 식수원인 물금취수장의 식수원이 위협받게 된다. ……공업 및 생활용수 확보나 염해방지는 안동댐의 방류 조절로 할 수 있음은 최근의 실정으로 충분히 알려진 것이다. ……부산시민의 의식조사에 의하면 82.9%의 시민들이 철새도래지를 지키고, 더욱 아름답게 보존하기를 바라고 있다…….

개발론자들의 완승

하굿둑 건설 문제는 제5공화국 전두환 정권이 들어서면서 다시 부각됐다. 1981년 3월 초엔 '환경영향평가제도'가 실시돼 국내 처음으로 낙동강 하구언 공사에 적용하게 됐다는 기사(한국일보)가 나왔다. 하구언 건설이 기정사실화되면서 일부 언론들은 '낙동강 하구 철새낙원 보호하라' '재두루미 등 희귀철새 도래지 낙동강 하구 댐 건설 중지를' 같은 기사를 게재하기도 했다. 1981년 11월 국제조류보호회의는 총회에서 낙동강 하굿둑 건설 반대를 결의해 국제사회에 파장을 불러일으켰다. 이를 전후해 국내 언론들은 일제히 하굿둑 건설과 관련한 찬반토론 기사를 다루었다. 낙동강은 세계적인 관심사의 하나가 되었다.

그러나 신군부는 시민단체와 국제사회의 반대 여론을 무시했다. 게다가 기공식을 전후한 당시 사회적인 분위기는 묘하게도 하굿둑 건설을 찬성하는 쪽으로 변하고 있었다. 그동안 을숙도 보존에 무게를 싣고 보도하던 언론들도 하굿둑의 긍정적인 면을 부각시키는

낙동강의 수많은 문제는 하굿둑에서 기인하고 있다. 강바닥에서 긁어낸 2,000만㎥의 흙으로 하굿둑 주변의 개펄과 습지를 매립, 택지 및 공단을 조성하면서 자연생태계가 파괴됐다.

모습이었다. 일부 언론은 부산 경남의 '숙원사업'이라고 대서특필하기도 했다.

문화공보부는 을숙도를 가로질러 하구언 공사를 계획하고 있는 산업기지개발공사로부터 문화재 해제신청을 받고 절차를 이행했다. 문화재위원회는 격론 끝에 원형변경을 극소화하라는 조건을 붙여 문화재 보호구역 약 248㎢ 가운데 을숙도의 일부인 약 13㎢(5%)를 현상변경하고, 하구언 공사의 동쪽지역 198만 3,480㎡(0.7%)를 문화재보호구역에서 해체키로 결정했다.

1983년 4월 23일 마침내 낙동강 하굿둑 건설사업 기공식이 부산 서구 하단동 낙동강변에서 거행됐다. 전두환 대통령이 참석해 시공 발파 단추를 눌렀다.

을숙도 물문화관 앞 광장에는 배와 돛 모양을 형상화한 하굿둑 건립기념탑이 우뚝 솟아 있다.

을숙도, 거대한 상실

……전 대통령이 발파 단추를 누르는 순간 하구언이 건설될 을숙도 동쪽 강심에서는 물기둥이 솟구쳐 올랐으며, 이를 지켜본 2만여 명의 시민들은 뜨거운 박수를 보내면서 낙동강 하구언 건설이 1천여만 명의 유역주민들에게 풍요한 미래를 안겨주는 동시에 낙동강이 영원한 생명력을 갖고 민족과 더불어 면면히 흘러주기를 기원했다…….

(부산일보 1983년 4월 23일자)

하구언 건설은 초대형 토목사업이었다. 사업비는 국비 및 외자 1,896억 원이며, 높이 6m, 길이 1,890m의 댐과 갑문, 조절수준 등이 건설된다. 부대공사는 북구 엄궁동과 서구 신평동 사이에 6,700m의 제방을 새로 쌓고 하구언에서 낙동강대교까지 우측 제방 6,000m도 증축한다. 공사 중에 생기는 약 25㎢의 토사를 활용, 198만 3,480㎡의 하천과 해면을 매립해 용지도 조성한다. 공사는 현대건설이 맡았다.

'당초 경제적 측면에서 진우도와 나무섬 등을 가로막아 을숙도 남단 하류부에 하굿둑을 설치할 계획이었으나 이곳이 동양 최대 철새도래지기에 북단으로 위치를 변경했다'는 보도(동아일보)도 있었다.

기공식 직후 지역 상공계에서는 지역경제 활성화를 위해 낙동강 하구 해변을 매립해 약 26㎢ 규모 이상의 대단위 공업단지를 조성해줄 것을 건의했다. 이 건의를 일부 수용해 하구 일원 갈대밭과 갯벌 329만 9,188㎡을 매립, 대단위 특성화 공업단지 등을 조성했다.

하굿둑은 1987년 11월 16일 완공됐다. 공사 시작 4년 7개월 만이

었다. 이로써 연간 6억 4,800만의 염분없는 용수가 확보됐고 부산
~진해 간 교통이 개선됐다. 을숙도 물문화관 앞 광장에는 배와 돛
모양을 형상화한 하굿둑 건립기념탑이 우뚝 솟아 있다. 여기에 전
두환 전 대통령의 친필이 새겨져 있다. 겉으로는 개발론자들의 완
승이었다.

예견된 후유증

완공의 기쁨도 잠시, 1988년부터 하굿둑으로 인한 문제점들이 하나둘씩 불거지기 시작했다. 사상공단에서 배출된 오폐수가 본류에 유입, 상수원수를 위협했다. 하굿둑 바깥에선 사구(모래톱)가 발달, 홍수 때 수위가 높아져 구포 삼락동 일대의 침수 우려가 지적됐다. 급기야 여름철로 접어들자 이전에 나타나지 않았던 적조가 발생해 물고기가 떼죽음하는 상황이 발생했다. 칠서취수장과 물금취수장 등의 수질도 날로 악화됐다. 하굿둑 안에 고인 물이 썩고 있었다. 애초 걱정하고 우려했던 문제점들이었다. 하굿둑 건설로 모든 문제가 해결될 것 같이 떠들어댔던 당국도 이 시점에 와서는 골머리를 싸매지 않을 수 없게 됐다.

낙동강 하굿둑이 남긴 가장 크고 장기적인 후유증은 기수역 생태계의 교란 또는 상실이다. 기수역은 조수 간만으로 담수와 해수가 자연스럽게 섞여 염분농도가 $0.5‰\sim30‰$($‰=1/1000$)를 유지, 다양한 생물들이 서식한다(보통 염도 $0.5‰$ 이하의 물은 담수, $30‰$ 이상은 해수라고 한다).

낙동강 하굿둑이 남긴 가장 크고 장기적인 후유증은 기수역 생태계의 교란 또는 상실이다. 사진은 낚시줄에 발이 묶인 갈매기. 사진: 습지와 새들의 친구 제공

하굿둑으로 인한 기수역 생태계 변화는 충분히 예견됐다. 강을 막아버리니 수질이 나빠졌고, 퇴적토가 쌓이게 되니 홍수조절이 문제됐다. 여름철이 되면 하굿둑 위는 녹조가, 아래는 적조가 발생해 물색깔이 확연히 달라진다. 하굿둑 위에는 엄청난 토사가 쌓여 해마다 20억 원 이상을 투입해 준설작업을 해야 하는 실정이다.

인제대 조경제(환경공학부) 교수의 연구에 따르면, 하류 지역 연평균 클로로필a의 농도는 1980년대 초에 비해 1990년대 이후 1.6～5.7배 증가했다. 하굿둑 건설 이후 미세조류가 급증하고 수질도 부영양화하고 있다. 부산발전연구원이 2004년 발표한 〈하굿둑 건설에 따른 낙동강 하류 수질에 미치는 영향〉 보고서에서도 식물성 플랑크톤 변화에 따라 민감하게 반응하는 용존산소 농도 변화가 하굿둑 건설 후 심해졌다고 밝히고 있다.

철새들의 먹잇감인 저서생물도 크게 줄었다. 국립수산과학원의 연구자료를 보면 낙동강 하구에서 서식하는 저서생물은 1987년 조사에서 갑각류 132종과 연체류 61종 등 총 193종이었으나, 5년 뒤인 1992년에는 갑각류 50종, 연체류 31종 등 81종으로 크게 감소했다.

국립수산과학원 남부내수면연구소의 2007년 조사에서는 하굿둑 건설 이후 하구에서 사라진 어류가 왼줄납줄개, 뱅어, 줄공치, 큰가시고기, 쥐노래미, 풀망둑, 자주복 등 15종에 이른다.

한국수자원공사 측은 철새가 별로 줄어들지 않았다고 주장하지만, 학계와 시민단체에서는 최소 50% 이상, 최대 90% 정도의 철새가 사라졌다고 주장한다. 하굿둑 건설 이전 90만～100만 마리가

을숙도 물문화관에 설치된 하굿둑 내의 어도 모형.

을숙도 일원을 뒤덮다시피 했으나 요즘엔 겨울철 가장 많을 때라 야 5만~7만 마리 정도에 그치고 있다.

가뭄이 들면 하굿둑 일원의 기수 생태계의 문제는 한층 더 복잡 해진다. 평상시 하루 평균 16시간 정도 개방하던 하굿둑 수문을 대 폭 축소해 운영하기 때문이다. 하굿둑은 물을 가두는 게 1차 기능 이므로, 내려오는 물이 없으니 내려보낼 물도 없어진다. 실제로 한 국수자원공사 부산권관리단은 2008년 가을부터 가뭄이 지속되자 한동안 수문 개방을 하루 1~2시간 정도로 줄여 운영했다. 낙동강 수계 상류 4개 댐 평균 저수율이 30%대로 떨어져 유입되는 강물이 거의 없기 때문에 제한 방류가 불가피했다는 것이다. 이 정도라면 사실상 하굿둑 아래로 내보내는 민물이 거의 없다고 해도 과언이 아니다. 민물과 바닷물이 섞이는 기수역에 사는 각종 생물들이 민물 갈증을 겪는다는 것은 생태계의 근본이 흔들린다는 말과도 같다. 하굿둑의 제한 방류가 가져오는 파장은 생각보다 큰 문제를 낳을 수 있다.

수갑과 쇠고랑 : 다리이야기 I

다릿발은 쑥쑥 잘도 올라갔다. 저녁 무렵 낙동강 하구가 석양에 잠길 때, 갯벌에 박힌 다릿발들은 갈대숲과 어울려 살풍경을 연출했다. 영문 모르는 새들은 다릿발 꼭대기에 올라앉아 휴식을 취하며 똥을 싸 갈겼다.

2009년 6월, 마지막 상판이 대형 크레인에 달려 올라갔다. 꽝! 마지막 상판은 굉음을 흘리며 예정된 자리에 들어가 박혔다. 이쪽 저쪽이 빈틈없이 연결됐다. 상판 상량식은 관계기관장이 참석한 가운데 거행됐고 일부 기자들이 사진을 찍었다.

개통일이 다가오면서 다리의 이름을 바꾸자는 목소리가 흘러나왔다. 을숙도를 낀 부산 사하구 쪽에서 조용히 일던 여론이 세를 얻어 명칭 변경의 당위론으로 발전했다. 세계적인 철새도래지 을숙도를 관통하는 다리이니 브랜드에 어울리게 '을숙도대교'로 불러야 한다는 것이었다. 하지만 강서구는 "뒤늦게 무슨 소리?"라며 발끈했다.

양측의 줄다리기를 구경하던 부산시는 새 명칭 현상공모라는 묘안을 냈다. '이름을 지어주세요. 당선작 50만 원, 가작 30만 원.' 현상금이 걸리자 시민사회의 관심이 증폭됐다. 공모 결과 총 3만 876건이 접수됐다. '을숙도대교'가 절반이 넘었으며 '을숙도철새대교'가 뒤를 이었다. 10여 년 넘게 불려온 '명지대교'는 3위에 머물렀다. 이밖에도 노을대교, 강하대교, 신명대교, 낙동대교, 에코브릿지 같은 이름이 주요 후보로 올랐다.

명지대교냐 을숙도대교냐

민감한 파장을 불러일으킨 개칭 문제는 2009년 7월 15일 부산시 지명위원회에서 '을숙도대교'를 결정해 발표하면서 일단락되는 듯했다. 강서구 쪽에서 강하게 들고 일어났다. 강서 주민들은 "도시계획 입안 후 17년간 사용하던 명칭을 하루아침에 바꾸는 것은 있을 수 없는 일"이라고 주장했다. 겉으로 공모 형식을 띠었지만, 결과적으로 지역간 세 대결로 이어졌다는 것도 짚고 넘어가야 할 대목. 사하구의 인구는 36만 명인데 반해, 강서구는 5만 5,000명에 불과하기 때문이다.

명칭 변경 논란은 쓴웃음을 자아낸다. 명지대교는 국가적으로 첨예한 환경이슈였다. 을숙도 교량 관통은 행정당국으로서도 부담을 가질 수밖에 없는 문제였다. 을숙도를 관통하는 다리임에도 을숙도란 말은 감추고 싶어한 이유도 여기에 있다. 이 과정에서 다리가 연결되는 한쪽 축인 강서구 명지동의 이름을 딴 명지대교란 명칭이 통용됐다.

2009년 10월 29일 개통한 을숙도대교. 철새 도래지 환경훼손 논란으로 환경단체의 거센 반발에 부딪혀 설계를 변경하는 등 우여곡절을 겪은 을숙도대교는 2005년 착공 이후 4년 10개월, 1993년 도시계획시설 결정 이후 16년 만에 완공됐다.

저간의 사정을 보면, 명지대교든 을숙도대교든 이름을 갖고 시비하는 것은 염치없는 일이다. 을숙도대교는 을숙도 환경파괴 주범이란 불명예를 안은 채 개통됐다. 다리가 개통되고 난 뒤 철새 감소 등 생태계에 대한 악영향이 드러나면 또 한 차례 거센 환경논쟁에 휩싸일 수도 있다. 이러한 문제에 대한 성찰 없이 단순히 이름 덕만 보겠다는 것은 몰염치한 짓이다. 이름을 놓고 기초 자치단체간 싸움

을 유발시킨 부산시의 단견 행정을 보노라면 쓴웃음이 난다.

2009년 10월 29일, 마침내 을숙도대교가 개통됐다. 2005년 1월 착공 후 4년 10개월 만의 준공이다. 애초 계획보다 2개월 조기 개통됐다. 사하구 신평동 66호 광장과 강서구 명지동 75호 광장을 잇는 을숙도대교는 교량부 3,110m, 평면도로 2,095m 등 총 길이 5,025m의 왕복 6차로이다. 건설비는 민자 2,517억 원, 국비 842억 원, 시비 841억 원 등 총 4,200억 원이다. 부산시는 이 다리가 부산·진해경제자유구역청의 주 진입로이자 부산 신항과 북항 간의 물동량 수송을 위한 해상순환도로의 한 축을 이루게 된다고 설명했다.

부산시는 숙원사업을 해결했다는 양 통행료(1,400~1,500원 선)를 당분간 면제하는 등 한껏 고무됐다. 개통식 테이프커팅 행사는 요란했다. 부산시장과 유력인사가 총출동했다. 마라톤대회, 자전거 대회 등 개통 축하행사도 잇따랐다.

그러나 다릿발에 제 몸의 일부를 내준 을숙도. 그곳의 신음소리를 들어보자는 이야기는 좀처럼 들리지 않았다. 누군가가 핏대를 세워 말했다. "을숙도가 깔렸다."

다리 개통 직후 승학산 꼭대기에서 을숙도 남단을 바라보았다. 을숙도 아랫도리, 생명의 자궁과도 같은 갯벌지역 위에 긴 교량이 띠 모양으로 지나가고 있다. 마치 낙동강을 향해 거대한 활시위가 당겨져 있는 모습이다. 을숙도대교는 하구의 모래톱 영역까지 부분적으로 물고 있었다. 기회가 되면, 언제든 그 영역을 침범할 수 있는 태세다. 오래전 하굿둑이란 수갑을 찬 을숙도가 이제 을숙도대교라는 쇠고랑을 찬 형국이다. 육상에서는 이 모습이 보일 리 없다.

환경파괴 공방

명지대교는 부산 북항과 부산 신항을 잇는 도심 외곽 해안순환도로의 하나로 부산시가 1993년 12월 도시계획시설(도로) 결정 및 지적고시가 되면서 추진 구상이 드러났다. 이때까지만 해도 도시계획 밑그림인데다 노선도 명확하지 않아 사회적 관심을 끌지 못했

2006년 2월 2일 '세계 습지의날'을 맞아 낙동강하구살리기 시민연대는 낙동강하구 을숙도 명지대교 건설 현장에서 '낙동강하구 회생을 기원하는 을숙도문화제'를 가졌다.

다. 그러다 부산 신항과 녹산국가산업단지 건설이 가시화되자 1996년 부산시는 명지대교를 민자유치 사업으로 선정했고 이는 곧 사회적 논란거리로 부상했다. 부산시는 당초 1997년 착공해 2003년 준공하기로 했으나, 환경단체들이 철새도래지인 을숙도 핵심지역을 관통하는 다리 건설을 저지하면서 논란이 불붙었다.

2001년부터 녹산국가산단이 가동되면서 경제계의 압력이 거세지자 부산시는 명지대교의 '직선안'을 마련, 문화재청에 현상변경 허가를 신청했다. 환경단체들은 전국 규모의 '낙동강 하구 을숙도 명지대교 건설반대 전국연대'(을숙도 전국연대)를 출범시키고, 한국조류학회는 '명지대교 건설반대 의견서'를 문화재청과 부산시에 제출한다. 명지대교 건설 문제가 전국적인 환경이슈로 등장했다.

을숙도 전국연대는 부산지역 환경분쟁 사상 처음으로 전국의 주요 환경단체와 그 지역단체들이 모두 참여했고, 부산지역 30여 개 시민사회 단체로 구성된 '을숙도 명지대교 건설저지를 위한 시민 연대'를 포함한 110여 개 단체로 구성됐다. 습지와 새들의 친구, 환경과 생명을 지키는 부산교사모임 등 이름이 잘 알려지지 않은 단체들이 활동의 중심이 되었다. 녹색연합도 전면에 나섰다. 녹색연합은 사상 초유로 전국의 모든 지역 단체가 2박 3일간 각 지역사업을 접고 명지대교 건설을 막기 위해 을숙도에 집결하기도 했다. 부산녹색연합은 이 운동의 중심축이었으며, 당시 최종석 부산녹색연합 대표는 전국 연대를 도모하며 법정투쟁을 주도했다.

이들의 당시 결성선언문에는 비장함과 결기가 느껴진다.

……1,300리 어질고도 고단한 어머니 낙동강, 당신의 자애로운 손결이 억겁의 시간을 공들여 낙동강 하구 수천 수만의 철새울음으로 잉태한 을숙도. ……부산시의 무지하고도 무책임한 명지대교 건설계획으로 인해 을숙도가 생명 상실의 위태로운 지경에 처했다. 더하여 본연의 임무를 저버리고 개발세력의 앞잡이가 되어버린 문화재청 일부 문화재위원의 기만 앞에 우리는 몸 둘 바 모른 채 살 떨리는 분노로 여기에 섰다.

지난 8년 오로지 부수고 깨어버림으로서 욕심을 채우고자 했던 개발론자들의 횡포 앞에 을숙도는 단 하루도 자유롭지 못했다. 앞서 악몽 같은 80년대 하굿둑이라는 실로 거대한 올가미에 목을 조인 낙동강 하구는 반신불구의 몸으로 억울하고도 비참한 세월을 살아야 했다. 더하여 오갈 데 없는 쓰레기를 사람이 살지 않는 곳이라 하여 을숙도의 심장을 도려내고 마음대로 파묻어버렸다. 이 세상 어디에도 이처럼 무법천지가 없었다. 엄연히 나라가 정한 법으로 보존을 최고의 덕목으로 삼아야 할 당연한 의무조차도 헌신 버리듯 했다. 가증스럽게도 이 모든 일은 문화재청, 나아가 문화재위원의 동의가 없었다면 있을 수 없는 일이었다.

이처럼 나라가 힘써 그 이름을 지켜주어도 시원찮은 마당에 부산시는 법의 이름을 빌어 개발의 빌미를 만들어 을숙도를 죽이고자 혈안이다. 그리하여 이제 그나마 명맥을 유지하고 있는 남단의 철새 보금자리조차 탐욕스러운 개발론자들의 식탁으로 만들고자 간교한 술책과 기만을 서슴지 않고 있다.

풍전등화와도 같은 을숙도의 운명 앞에 더는 좌시할 수 없는 분하고도 안타까운 심정으로 우리는 모였다. 그리하여 낙동강 을숙도 그 천연의 빛을 되살리고 지키기 위해 우리는 낙동강 하구 명지대교 건설 반대라는 하나의 주장으로 가슴과 가슴을 연결하여 하나이고자 한다……. (2001년 11월 19일)

문화재청 문화재위원회는 반발이 거세게 일자 2001년 말 명지대교의 직선화 건설을 유보토록 하는 재심의 결정을 내린다. 그러나 교량 건설의 필요성은 인정했다. 환경단체들의 전선이 다소 느슨해지자 부산시는 '직선형 우회 노선안'을 제시해 2002년 2월 결국 문화재위원회의 심의를 받아냈다. 이는 기존 직선 노선에서 출발지와 도착지는 바뀌지 않고 가운데 부분만 북쪽으로 300m 올라가는 노선이다. 탄력을 받은 부산시는 2002년 3월 15일 시공사인 롯

을숙도 하단부 갯벌지대를 관통하는 명지대교.

데건설과 민간투자사업 양해각서(MOU)를 체결했다.

일진 일퇴

2003년 초여름, 명지대교 노선이 윤곽을 잡아갈 무렵 환경단체들은 전열을 재정비해 조직적 반대 전선을 형성한다. 부산시와 시

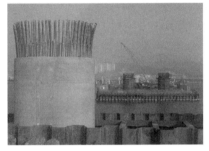

의회, 상공계는 맞불작전을 편다. 2004년 10월 환경단체들은 국정
감사 카드를 뽑는다. 환경부에 대한 국정감사 요청서에는 명지대
교의 문제점을 다음과 같이 적시했다.

을숙도를 낀 낙동강 하구는 종 다양성, 종 풍부도에서 여전히 한국 최
고의 철새도래지이다. 국내 최대, 최고의 생태관광자원으로서 대한

민국이 세계에 자랑할 수 있는 대자연의 위용을 갖추고 있다. 이러한 중요성 때문에 정부가 5개의 법(문화재보호구역/문화재청, 자연생태계보전지역/환경부, 자연환경보전지역/건교부, 습지보호지역/환경부, 연안오염특별관리해역/환경부)으로 중복 지정하여 보호하고 있다.

명지대교의 문제점은 다음과 같다.

1. 명지대교는 낙동강 하구의 핵심 지역을 관통한다.

2. 습지보호법(환경부, 1999)이 발효된 이래 습지보호구역 내에서 이뤄지는 최초의 대규모 개발 계획이다.

3. 국내 최고의 자연생태계를 파괴한다.

4. 세계적 생태관광자원의 핵심거점 지역을 훼손한다.

게다가 10여 년 전에 입안된 잘못된 기초 자료를 바탕으로 무리하게 다리 건설 계획이 추진되고 있다. 문제점은 다음과 같다.

1. 부산시와 강서구의 인구 감소가 계산되지 않는 등 기본 수요 예측이 잘못되었다. 부산시의 총 인구는 향후 20년간 381만 명에서 386만 명으로 증가할 것으로 예상했으나, 실제로는 계속 감소추세다. 통계청은 2030년에 이르면 부산시 인구가 318만 9,000명 정도로 줄어들 것으로 예측하여 부산시 주장과 상반된다.

2. 부산시는 교통량을 과장하고 있다. 부산시는 다리의 필요성을 주장하면서 2006년 부산 신항 1단계 완료시 하루 13만 8,600대의 교통량이 발생한다고 예측하였다(2001년 기준). 이는 가장 복잡한 거의 모든 시내 교차로의 교통량을 훨씬 초과하는 수치다. 또 부산 신항에서 발생하는 모든 교통량이 하굿둑 교량과 명지대교를 이용한다는

것도 무리한 추론이다.

4. 민자 참여 기업의 이익을 지나치게 보장하고 있다. 무상사용 기간 30년, 예상수익률 보장 8.82%는 결국 국가재정의 손실과 시민의 부담을 초래하게 된다.

명지대교 건설 골격이 잡히자 2004년부터 정부 당국은 환경영향평가 절차를 진행했다. 환경단체들은 초안 검토 작업에 적극 참여해 문제점을 따졌다. 2004년 4월 20일 부산녹색연합이 제출한 〈명지대교 환경영향평가 초안 검토 의견서〉에는 자연환경, 식생, 경관, 동물 및 조류, 차량 소음 등 각 분야에 대한 문제점과 대안이 제시돼 있다.

검토 의견서 속에는 '새들의 비행장애'라는 항목이 있어 흥미롭다. 명지대교의 높이는 새들의 비행에 장애를 준다는 것이 골자다. 과학적 반론이 이어진다. 먼저, 고니류 및 기러기류의 비행장애에서 "명지대교의 다리 높이가 22.8m이고 물수리나 독수리 같은 대형 매류의 활공비가 10~13이므로 285.3m의 직선 길이가 필요해져 고니의 활공에는 지장이 없을 것으로 판단된다"고 하였으나 계산에 문제가 있다. 명지대교의 높이는 22.8m로 계산하면 안 되고 가로등 11m까지의 높이를 더한 33.8m로 봐야 한다. 이렇게 보면, 부산시가 계산하는 방법을 그대로 적용하더라도 새들이 장애물에 영향받지 않고 날려면 418m가 필요하다. 심리적 영향 등을 고려하지 않더라도 명지대교에 따른 비행장애는 불가피하다.

또 물수리 및 독수리는 매류가 아닌 수리류다. 수리류는 앉은 자리에서 바로 날고 앉을 수 있지만, 고니류는 기본 활주로가 필요하다. 몸무게 12~14kg의 무거운 새가 날기 위해선 일정 거리를 달려 추진력을 확보해야 한다. 따라서 고니류에 수리류의 활공비를 적용하는 것이 적절한지 의문이다.

차량 소음과 야간 조명에 대한 문제점도 간과할 수 없는 대목이다. 인위적인 간섭 최소 방안에서 차량 운행은 소음 영향과 과속단속 카메라를 설치하겠다는 내용만 있고 운행속도를 제한한다는 내용은 없다. 설계 속도 80km/H는 더 낮추어야 한다.

야간 조명도 소홀히 다루고 있다. 고정광원이 아닌 차량 전조등은 철새에게 불안감을 줄 수 있다. 방호벽 및 조명기구의 배광 형태를 통해 영향을 최소화하겠다고 하였으나 가능할지 의문이다.

방호벽의 높이는 일반 도로의 가드레일과 비슷하고 가로등의 배광 형태를 달리하더라도 높이 11m의 가로등 불빛은 사방 어디에서도 훤하게 보이므로 새들의 비행은 물론 갯벌에 체류하는 생물들에게도 큰 위협이 될 수밖에 없다.

구구절절 통렬한 공박이 이어졌으나 그 뿐이었다. 환경단체들의 전문가적 의견을 당국은 '참고' 정도로 이해했다. 동상이몽이었다.

환경단체의 반대 공세가 전국 규모로 확산되자, 부산상공회의소와 서부산시민협의회, 부산경제살리기시민연대, 녹산산단 경영자협의회 등 경제 시민단체들이 맞불을 놓았다. 이들은 지역경제 활성화를 내세워 명지대교의 조기착공을 촉구했다. 부산시의회의 조기착공 건의문에 이들의 주장이 압축돼 있다.

……우리 부산시의회와 400만 부산시민은 낙동강의 환경 생태적인 측면과 주변의 여건을 고려할 때 당초 노선에서 500m 우회한 현재의 교량형 노선이 7년간이나 표류하고 있는 명지대교 건설의 최선안임을 확신하고 있다. 환경적인 요소 못지않게 국가전략의 일환인 동북아 물류중심국가로서의 신항만 성공에 필수적인 명지대교가 조속히 건설될 수 있도록 해야 한다. (2003년 9월 1일)

시의회와 상공계의 촉구가 있고 난 2003년 12월 말 명지대교의 노선이 최종 확정된다. 확정 노선은 부산시의 우회 노선안에서 북쪽으로 70m가량 더 올라갔다. 을숙도 인공철새도래지 북측 상단부의 수로 경계선에서 100m가량 떨어진 지점이다.

부산시는 2004년 1월 명지대교㈜와 민간투자사업 실시협약을 체결하고, 2월 상징적인 기공식을 갖는다. 그해 5월에는 문화재 현상변경허가를 받아 환경영향평가를 보완한다. 2005년 1월 명지대교㈜는 교량 진입부인 신평램프 구간에 교각 기초 말뚝을 박아 착공을 대외에 선포한다.

이제 남은 것은 낙동강유역환경청의 습지보호구역내 개발행위 허가. 환경단체들이 다시 저지선을 구축하자, 서부산시민협의회가 공방에 뛰어든다. 이들은 토론회를 열어 명지대교 건설을 반대하는 일부 환경단체의 자연환경 문제에 대한 정치세력화를 경계한다고 주장했다. (2005년 5월 20일)

명지대교 문제는 2005년 여름 법정 공방으로 비화된다. 2005년

6월 8일 낙동강유역환경청은 철새도래기(11월~이듬해 2월)에 공사의 영향을 최소화하는 조건으로 습지보호구역 내 개발행위를 허가한다. 습지보호구역에 개발이 허가된 국내 첫 사례다. 이로써 교량 건설과 관련한 행정절차가 마무리되었다. 부산시와 시공사는 을숙도 양쪽에서 물막이 작업을 시작한다.

부산녹색연합, 습지와 새들의 친구, 환경과 생명을 지키는 교사 모임 등 시민연대는 습지보호구역 훼손을 이유로 법원에 공사착공 금지 등 가처분신청을 낸다(2005년 6월 13일). 시민연대는 "헌법에 명시된 국민의 기본권인 환경권을 부정한 행정기관의 결정을 거부한다. 옳고 그름을 가리기 위해 사법부에 가처분신청을 제기한다"고 했다.

시민연대 측의 공소장에 따르면, 낙동강유역환경청의 습지보호지역 내 행위 승인은 적법한 권한이 있는 자의 행위로 볼 수 없다는 것이다. 즉, 습지보호법은 공익상, 군사상 불가피한 경우가 아니면 개발을 허가하지 않아야 하므로 명지대교는 여기에 해당되지 않는다는 것이다. 게다가 습지보호지역 내 행위 승인에 결정적 영향을 미친 사전환경성 검토도 사업시행 실시계획 감리업체가 작성, 경제적 이해관계에 있는 업체에 의해 이뤄지는 등 하자가 있다고 주장했다.

사회적 관심 속에 공판이 진행됐고, 그해 8월 11일 부산지법 민사14부(재판장 최진갑 부장판사)의 심리로 열린 2차 공판에서 환경단체들은 일본인 조류전문가의 도움을 받아 명지대교 건설의 부당성을 알렸다. 국내에서는 이 부분을 증언하겠다고 나서는 조류전문가가

그곳의 새들이 사라져간다

©습지와 새들의 친구

강에 반쯤, 바다에 반쯤 몸을 담은 섬.

섬은 아늑한 품을 열어 무수한 생명들을 포근하게 끌어 안는다.

사각사각 갈댓잎 스치는 바람따라 '을숙을숙' 새가 우는 곳.

을숙도를 아시나요?

2

1. 을숙도의 고즈넉한 풍경. ⓒ박창희

2. 재두루미(천연기념물 제203호). 두루미목 두루미과의 조류. 낙동강 하구 을숙도 일원에 가끔씩 나타나 탐조객을 즐겁게 한다. 한국에서는 보통 10월 하순에 찾아와 이듬해 3월 되돌아가는 드문 겨울새이다. ⓒ습지와 새들의 친구

3. 쇠제비갈매기. 황새목 갈매기과의 조류. 낙동강 하구 모래톱은 국내 최대의 쇠제비갈매기 번식지이다. ⓒ습지와 새들의 친구

4. 노랑발도요. 황새목 도요과의 조류. 몸길이 약 26cm. 봄과 가을에 한국을 거쳐가는 대표적인 나그네새이다. ⓒ습지와 새들의 친구

철새와 갈대밭 습지의 섬, 낙동강 을숙도

문명에 포위되어 신음하는 낙동강, 난개발에 짓밟힌 을숙도가

굽이굽이 절규하며 공존의 의미를 묻는다.

인간의 이기심으로 상처 받은 강, 고통받는 섬, 사라져가는 생명들.

그 많던 철새들는 어디로 갔을까?

1. 큰고니. 몸길이 약 1.5m에 이르는 덩치 큰 겨울새로 낙동강 하구에 매년 3천여 마리가 찾아온다. 고니, 흑고니와 함께 천연기념물 제201호로 지정되었다. ⓒ곽재훈

2. 큰고니들의 식사 시간. 을숙도 남단 갯벌에서 큰고니들이 먹이를 주려 하자, 기다리기라도 한듯 떼지어 모여들었다.

3. 청다리도요사촌(왼쪽). 전 세계에 약 1,000마리가량 남은 희귀종으로, 국제자연보전연맹(IUCN)의 적색자료목록(Red Data Book)에 올라 있는 멸종위기종이다. ⓒ습지와 새들의 친구

4. 개꿩. 황새목 물떼새과의 조류. 몸길이 약 30cm. 봄과 가을에 단골로 을숙도를 나그네새이다.

새들의 울음소리가 서럽다.

개발의 이름으로 행해지는 거대한 폭력들.

새가 울고 물이 맑던 그 섬이

날이 갈수록 거칠게 호흡하며 자연성을 잃어가고 있다.

이대로 새들의 터전은 사라지는 것인가?

1. 위협받는 철새 낙원 을숙도의 저녁 낙조. 아름답고 가슴 시린 풍경이다. ⓒ박창희

2. 민물도요. 황새목 도요과의 조류. 몸길이 약 21cm. 봄과 가을에 낙동강 하구를 찾아 머물다 간다. ⓒ습지와 새들의 친구

3. 넓적부리도요. 황새목 도요과의 조류. 몸길이 약 17cm로 우리 나라에서는 봄과 가을에 적은 수가 서해안과 남해안의 하구나 갯 벌에 잠시 들르는 보기드문 나그네새이다. 전 세계에 600~1,000마리밖에 없어 멸종위기1급으로 지정되어 보호받 고 있다. ⓒ습지와 새들의 친구

4. 황새(천연기념물 제199호). 황새목 황새과의 조류. 몸길이 약 112cm 로 국제 자연보호연맹의 적색자료목록에 등록되어 있는 국제보 호조다. ⓒ습지와 새들의 친구

5. 참수리(천연기념물 제243호). 황새목 수리과에 딸린 조류. 먹이사슬의 상위에 있는 맹금류로서 낙동강 하구에서 흔히 목격된다. ⓒ습지 와 새들의 친구

6. 장다리물떼새. 황새목 물떼새과의 조류. 몸길이 48~51cm로 겨울에는 지역적 조건에 따라 이동하거나 텃새로 머무는데, 우리 나라에는 드물게 찾아오는 길 잃은 새(미조)이다. ⓒ습지와 새들의 친구

7. 아비. 황새목 아비과의 조류. 몸길이 약 63cm로 겨울에 월동하 기 위해서 우리나라 해안을 찾는다. ⓒ습지와 새들의 친구

철새들은 을숙도를 쉽사리 떠나지 않으려 한다.

희망의 날갯짓으로 을숙도를 찾아와 뻘판에 주둥이를 들이밀고 날아갈 힘을 빨아들인다.

세상의 가장 낮고 작은 것들이 뒹구는 거대한 순환의 생명밭, 을숙도.

신이 내린 축복의 땅은 다시 돌아올 것인가?

부산지역 환경단체들로 구성된 낙동강하구살리기시민연대는 2005년 6월 13일 을숙도의 환경파괴를 막기 위해
부산지법에 명지대교 공사착공금지 가처분신청을 냈다. 부산지법이 이를 기각하자 대법원에 재항고했지만
2006년 11월 1일 최종 기각됐다.

없었다고 한다. 참고인으로 나선 일본 오리·기러기보호협회 구레
치 마사유키 회장은 "부산과 같은 대도시 근처에 이 같은 습지가
보전돼 있다는 게 놀랍다. 국제적으로 중요한 습지는 보존돼야 한
다"고 했다.

반면 피신청인인 부산시는 "계량화된 자료가 없는 상태에서 명
지대교 건설에 따른 경제적 효과가 간과되고 있다. 오염물질을 걸
러낼 수 있는 필터 등이 교량에 설치되기 때문에 환경파괴를 최소
화할 수 있다"는 논리로 맞섰다.

이 무렵, 부산시의회는 또 한번 명지대교 공방의 합리적 해결과
조기착공을 촉구하는 성명서를 발표한다.

……30여 회의 공청회 및 토론회를 거쳐 최적의 곡선형 노선이 결정

된 후, 환경영향평가 협의와 행정기관의 인·허가 등 모든 법적 절차를 완료하였는데도 환경단체에서 '공사착공금지 등 가처분신청'을 하여 공사 추진을 못하도록 발목을 잡고 있다. 부산광역시장은 더 이상 명지대교 건설을 지연해서는 안 된다는 시민의 공감대가 형성되고 있음을 헤아려 어떠한 어려움이 있더라도 시의 계획대로 명지대교를 조속히 건설하여야 한다. (2005년 7월 1일)

2006년 3월 환경단체의 공사착공금지 가처분신청은 기각됐다. 부산지법은 결정문에서 "환경권 규정이 국민 개개인에게 직접적이고 구체적인 사법상의 권리를 부여했다고 볼 수 없고, 명지대교 건설과 관련된 법률에도 신청인들에게 구체적인 사법상의 권리로서 환경권을 부여했다고 볼 규정이 없다"고 했다. 명지대교 건설의 파급영향에 대해서는 '공익적 필요성이 인정된다'고 규정했다.

이 과정에서 자료 하나하나를 꼼꼼하게 살펴가며 재판을 이끌었던 재판장이 인사 이동으로 바뀌기도 했다. 환경단체들은 항고했으나 2006년 6월 19일 역시 기각됐다. 부산고법은 "환경이 헌법에 의해 보호돼야 하는 가치이기는 하지만, 개발 역시 소홀히 할 수 없는 헌법상의 가치로 자연환경 보호의 가치가 언제나 개발에 따른 가치보다 우선적으로 보호돼야 한다고 할 수 없다"고 했다.

환경단체들은 대법원의 판단에 한 가닥 기대를 걸고 재항고했으나, 그마저 2006년 11월 1일 최종 기각됐다. 법에 호소해 을숙도를 지켜보겠다는 희망이 물거품되는 순간이었다. 소송 당사자인 부산녹색연합과 습지와 새들의 친구 등은 개발세력에 면죄부를 주는 법원의 결정을 강하게 비판하는 성명서를 냈다.

……낙동강 하구는 문화재보호법, 습지보전법 등 5개 법으로 중복 지정되어 있어 공익상, 군사상 불가피한 경우가 아니면 그 어떤 개발 행위도 할 수 없다. 명지대교 건설이 공익상 불가피한 어떤 증거도 없는 상태에서 개발 주체의 각종 논리만으로 판단되었다. ……명지대교는 경제논리가 압도하는 우리 사회에서 새만금, 천성산과 함께 개발로 인한 자연파괴의 상징으로 후세에 전해질 것이다.

대법원의 결정으로 명지대교 건설은 날개를 달았고, 환경단체들은 스산한 추위 속에서 겨울철새들을 맞았다.

노선 논쟁

명지대교의 노선이 '직선형 우회안'으로 최종 확정된 것은 2003년 12월 말. 확정되기까지 우여곡절이 많았다. 논쟁이 격화되면서 다양한 대안노선이 제시됐다. 반달형, 직선형 반달형, ㄷ자형, 하저터널형, 사장교형 등 각종 대안들이 춤을 췄다. 명지대교를 놓아야 한다는 과제 앞에 경제적 측면과 을숙도 생태계를 고려한 노선 논쟁은 약 3년간 계속됐다.

부산시는 당초 계획대로 을숙도의 심장부를 가로지르는 직선형 관통 교량을 제1안으로 내세웠다. 반면 환경단체들은 불가피하게 다리를 놓아야 한다면, 기존 하굿둑에 붙여서 ㄷ자 형태로 돌아가는 우회노선이 최적이라고 주장했다. 이럴 경우 을숙도 철새도래지를 최대한 지킬 수 있고, 공사비가 적게 들고 도심교통과의 연계도 쉽다는 논리였다. 약점은 돌아가는 데 따른 시간이었다.

원로 조류학자인 우용태 전 경성대 교수는 2000년 2월 부산상의 회의실에서 열린 명지대교 건설에 따른 공청회에서 부산시의 직선안을 지지했다. 일부 환경단체에서 주장하는 하굿둑 쪽으로 우회 건설하는 안과 활같이 휘어지게 건설하는 안 등을 모두 반대하고 계획대로 직선형으로 하는 게 가장 좋다는 입장을 밝힌 것이다. 일반적인 예상을 뒤엎는 주장이었다. 우 전 교수는 '낙동강보존회' 창립 멤버로서 조류 분야의 전문가였다. 그의 논리는 이랬다.

"철새만을 위한다면 명지대교를 건설하지 않는 것이 좋다. 그러나 명지대교 건설이 불가피한 상황인 점을 감안하면 직선교량이 우회교량보다 철새 서식에 오히려 덜 방해가 된다. 활같이 휘어지거나 우회 건설을 하면 예산도 엄청나게 더 들 것이지만 그런 문제는 둘째로 치더라도 오로지 철새의 입장에서만 검토해야 한다. 교량건설로 철새에 가장 큰 영향을 미치는 것은 소음이나 매연이 아니라 야간에 운행되는 차량의 헤드라이트 불빛이다. 만일 다리가 수정안처럼 우회하거나 활처럼 휘어지게 건설된다면 헤드라이트의 조명 각도가 여러 방향으로 비춰지게 되어 더 많은 철새들이 그 불빛에 놀라게 된다. 때문에 어차피 건설할 것이라면 헤드라이트가 한 곳으로만 비춰질 수 있도록 직선 건설하는 것이 타당하다."

우 전 교수의 주장은 명지대교를 반대해온 환경단체들을 경악하게 만든 반면, 부산시와 상공계로선 소중한 원군이었다. 새를 잘 아는 지역의 조류전문가가 직선안을 찬성했으니 무슨 도움이 더

승학산에서 바라본 을숙도와 을숙도대교.

필요하랴. 하지만 환경단체와 지역 학계 일각에서는 강한 불만과 비판을 쏟아냈다. 심지어 '부산시의 로비를 받았다'는 등의 원색적 비난이 터져나오기도 했다.

서식지가 분단되면 생태계가 단절되어 새들의 서식에 악영향을 준다는 것은 생태학 교과서에도 나오는 상식이다. 생태적으로 매우 민감한 철새도래지의 심장부에 어마무시한 교량이 지나가는데 괜찮다는 논리가 어떻게 가능하다는 것인지, 의문을 갖지 않을 수 없다.

첨예한 쟁점인 노선에 대한 일방적 합의안이 발표돼 지역사회를 어리둥절하게 만든 일도 있었다. 2001년 말 부산시와 부산환경운동연합이 명지대교의 노선을 '반달형 우회안'으로 합의한 것 같은 보도가 나왔다. 환경단체들 간의 합의가 바탕되지 않은 보도였다.

이에 대해 부산환경운동연합 측은 "명지대교 건설의 불가피성을 인식, 낙동강 하구보전을 위한 현실적 대안으로 '반원형 우회안'에 하구 조례안 제정을 전제로 조건부 동의했다"고 해명했다. 하지만 직선이든 반달 형태든, 을숙도 하단부의 민감한 곳을 관통한다는 점에서 신중하지 못한 접근이었다는 비판이 따랐다.

부산시는 한때 현수교를 대안으로 검토했다. 그러나 높이 100m 교량 주탑을 세워야 하고 사장교 주탑 강선에 철새들의 날개가 찢길 우려가 제기되는 등 인공구조물에 의한 철새서식지 파괴를 피할 수 없다는 게 환경단체들의 분석이었다.

을숙도를 지키기 위해서는 하저터널이 바람직하다는 견해도 나왔다. 직선형은 물론, 직선형 우회안(반달형), 사장교 형식 등은 어떤 형태든 을숙도의 민감한 곳을 지나게 되므로, 아예 땅 밑으로 가자는 안이었다. 그러나 부산시는 도로구조 문제와 1,000억 원의 추가 공사비가 소요된다는 이유로 수용하지 않았다. 우여곡절 끝에 '직선형 우회안'으로 결정되어 공사가 진행되었으나, 을숙도는 이미 돌이킬 수 없는 상처를 입고 말았다.

당신들의 만세삼창 : 다리이야기 II

　명지대교는 부산시가 필요성을 제기하여 입안, 추진한 사업이다. 1993년 12월 도시계획시설(도로)로 고시했는데, 그때는 이미 을숙도에 쓰레기가 한창 매립되고 있을 무렵이었다. 쓰레기가 들어가지 않았다면 감히 구상조차 하기 힘들었을지도 모른다. 그러니까 명지대교는 을숙도 쓰레기 매립장이 먼저 길을 텄다.

　부산시는 왜 세계적 철새도래지인 을숙도에 비난을 감수하며 상식적으로 납득되지 않는 환경파괴 시설을 앉히려 했을까? 주변의 개발 상황과 여건을 보면 부산시의 의도를 어느 정도 읽을 수 있다. 서부산 대개발을 추진하는 데 을숙도를 거점으로 한 낙동강 하구의 문화재보호구역이 걸림돌이 된다고 보았을 수 있다. 부산 신항과 녹산국가산업단지, 신호지방산업단지, 명지주거단지 등 기존의 개발사업은 별도로 하더라도, 향후 추진될 서부산 대개발이 구체화되면 낙동강 하구 철새도래지를 치고 들어갈 수밖에 없다. 부산지역 상공계에서 이곳의 철새도래지 지정 면적을 50%로 줄이자

을숙도 내 명지대교 건설현장. 부산시는 철새의 땅인 을숙도에 낙동강 하굿둑, 분뇨처리장, 쓰레기 매립장, 명지대교까지 세워놓고도 반성이나 성찰은커녕 문화재보호구역을 축소하려 든다.

는 이야기가 그냥 나온 게 아니다. 부산시의 어떤 간부는 철새 도래지 전부를 해제해야 한다는 식의 막말까지 한다. 무서운 발상이다.

이러한 인식 속에서 명지대교가 입안됐다고 봐야 한다. 낙동강 하구 철새도래지를 틈만 나면 축소하고 파괴해온 저간의 행태도 그런 인식의 연장선상에 있다. 교묘한 파괴 공작이다. 낙동강 하구의 생태적 가치를 새롭게 인식해 관광자원으로 삼자는 논의가 무성한 지금도 부산시의 근본적 인식은 변하지 않은 것 같다. 부산시의 업보는 여기서 출발한다.

철새의 땅인 을숙도에 낙동강 하굿둑, 분뇨처리장, 쓰레기 매립장, 명지대교까지 세워놓고도 반성이나 성찰은커녕 문화재보호구역을 축소하려 든다. 지난 10여 년간의 환경전쟁이 치유와 생명 평화의 밑거름이 되어야 하는데도 개발주의 행정을 고집하는 모습이다. 쓰레기 매립장에 이어 건설한 명지대교는 두고두고 부산시의 업보로 남을 것이다. 을숙도를 짓밟은 자, 을숙도를 파괴한 사람들의 업보로.

을숙도 만가(輓歌)

그리하여 우리는 모든 것을 잃어갈 것이다

수천 갈래 그리움처럼 수런거리는 갈대숲길도

그 갈대숲에 안기는 남해 바다의 짙푸른 첫 바람도

시베리아의 자작나무와 뉴질랜드 해안에 부딪치는 파도를 날개에 담고

낙동강 하구에 내리는 도요새도 잃어버릴 것이다……

푸른 생명의 언약과 비상하는 하늘의 꿈

그리움의 설레임도 사라질 것이다

갈대와 새들의 나라 을숙도에

자본의 힘줄이 불끈 솟은 다리가 놓일 때

사랑도 꿈도 시도 새들도 더 이상 건너오지 않는

불모의 다리가 놓일 때.

—이성희 〈을숙도 만가(輓歌)〉

2005년 6월 8일, 긴 교전 끝에 개발군이 을숙도에 진주했다. 접수는 한순간이었다. 을숙도는 순순히 진지를 내주고 물러앉았다. 포클레인 부대가 들이닥쳤다. 공사가 시작됐다. 개발군은 명지대교의 부분 노선 변경을 통해 허가를 따냈다. 환경단체들의 저항은 점차 포클레인 소리에 묻혔다. 시인이 할 수 있는 일은 만가(輓歌)를 부르는 것이었다.

쑥대밭이 되어 술렁거리는 을숙도 갈대밭. 갯벌 식구들이 들고 일어난다. 강 건너 불구경하듯 앉아 있을 수만은 없었다. 을숙도를 터전으로 살아가는 바다, 달빛, 게, 조개, 심지어 갈대와 세섬매자기까지 을숙도의 주인답게 명지대교 반대 데모 대열에 합류했다. 박일 시인의 동시 〈명지대교〉는 수만 아니 수십만의 시민 데모대보다 더 매서운 경고 메시지를 던진다.

을숙도 하구에
명지대교를 건설한다고
플래카드를 내걸던 날
썰물은
서둘러 갯벌을 빠져나갔다.
갯벌 식구들 덮고 있던
달빛마저
홑이불처럼 걷어서 나가버렸다.
농게, 집게, 달랑게
집집마다 나와서
눈을 부라리며 가슴을 쳤고
조개들은
벌어진 입을 다물지 못했다.
갈대밭은 쑥대밭이 되어
술렁거렸다.

을숙도를 터전으로 살아가는 강, 바다, 달빛, 게, 조개 그리고 큰고니와 사람들.

    2008년 2월 '경부 운하 반대' 깃발을 들고 낙동강 도보순례를 벌였던 시인 김하돈은 을숙도의 '참상'을 접하고 장문의 글을 인터넷 신문에 기고했다. '철새여, 너만은 알리라'라는 글인데, 가슴을 울리는 명문이다. 사실상 '을숙도 조사(弔辭)'다. 마지막 단락을 인용한다.

    ……결 고운 삶을 살아가는 이들의 마지막 무기는 결국 자기 목숨뿐

이다. 동래부사 송상현은 적을 막을 유일한 무기가 바로 자신의 목숨이라는 사실을 알았던 사람이었다. 아름다운 사내였다. 을숙도 철새들도, 갈대숲도, 농게와 칠게, 숭어와 실뱀장어도 이 휘황찬란한 문명의 불빛 아래 허연 배를 뒤집어 거품을 물고 아무렇게나 나뒹구는 자신들의 주검만이 가장 강력한 최후의 무기임을 잘 알고 있다. 송상현의 주검 앞에 머리를 숙인 왜장이 그랬듯, 때로는 죽는 자보다 죽이는 자가 더 두려워 짐짓 소름이 돋는 법이다. 먹고사는 경제문제가 지금보다 백 배쯤 더 좋아진다 해도, 먹이를 독차지하려는 인간집단의 욕망은 결코 충족되지 않을 것이다.……

저 아득한 세상의 끝으로부터 날아와 겨울 낙동강 하구 갈대숲을 온통 장엄 군무로 물들이던 을숙도 철새들의 전설이 이렇게 속절없이 막을 내리는가. 그래, 가라. 이 천박하고 무책임한 나라의 허울뿐인 문화재들이여! 기념물들이여! 너희들의 죽음을 기념하고 또 우리는 축배를 들 것이다. 완공의 축포를 터뜨리고 만세삼창을 외칠 것이다. 그래, 가라. 부디 저 하늘 넘어 늠름한 '조나단 시걸'을 따라 그깟 먹이 따위에는 목매지 않아도 되는 먼 나라로 가라. 가서 결코 다시 오지 않는 아나함과(阿那含果)처럼, 절대 비극의 연인처럼 다시는 오지 마라! 부디 이 땅에는 오지 마라!

4

짓밟힌 생명,
소리 없는 아우성

게들의 비명

　을숙도는 원래 말뚱게와 도둑게들의 천국이었다. 갈대숲과 갯벌 지대의 넉넉한 먹이터는 놈들에게 이상적인 생존환경이 되었고, 새들을 불러들이는 생태순환의 고리로 작용했다. 말뚱게와 도둑게는 절지동물 십각목 바위게과로, 갑각 길이가 27㎜, 갑각넓이가 29㎜가량의 사람 손마디 하나 크기의 작은 게다. 민물과 가까운 바닷가 습지에 구멍을 파고 살면서 7~8월에 알을 품는다. 특히 도둑게는 을숙도의 명물이다. 달 밝은 여름밤이면 살금살금 부뚜막으로 올라와 살며시 밥뚜껑을 열고는 밥알을 훔쳐 먹었다는 도둑이다.

　이 게들은 한 곳에서 살지 않고 습지에서 육지로, 육지에서 다시 습지로 이동하며 먹이활동을 한다. 말하자면 생존 동선이다. 쓰레기 매립장이 생기고 난 뒤, 이러한 동선의 평화가 깨지고 있다. 매립장 둘레에 만들어진 우수관과 둘레의 배수로가 게들의 동선을 차단하는 덫이 된 것이다. 을숙도 남단의 쓰레기 매립장 둘레에는 너비 35㎝, 깊이 50㎝ 규모의 네모진 콘크리트 배수로가 2㎞가량

을숙도 쓰레기 매립장 주변의 우수배수로에 빠진 게들의 집단폐사 현장. 피해가 심할 땐 일주일에 2천여 마리가 죽어나간다.

개설돼 있다. 우수로나 배수구에 떨어져 갇힌 게들은 십중팔구 죽음을 맞는다. 매립장 조성 후 이렇게 죽어나간 말똥게와 도둑게는 이루 헤아릴 수 없을 정도다. 피해는 6~9월에 집중된다.

게들의 주 서식처는 1차, 2차 매립장 서측의 을숙도 내 갈대숲 속 습지다. 이곳에 사는 게들은 습지에서 나와 매립장 둘레에 조성된 시멘트 도로를 가로질러 육상(매립지)으로 기어오른

부산시는 게들의 이동 편의를 위해 매립장 둘레의 배수로에 사다리꼴 펜스를 설치했다. 이른바 '생태통로'지만, 서식공간이 사라져 게들이 크게 줄어든 상황이라 효과를 기대하긴 어렵다.

다. 육상으로 이동한 게들은 도로와 인접한 수풀이나 매립장 주변의 우수배수로, 매립장 내의 수풀에 서식처를 마련하거나 놀다가 다시 습지로 돌아가곤 한다. 이 과정에서 멀리 보지 못하는 게들이 우르르 몰려 가다가 배수로에 빠진다. 배수로는 높이 2~3m 정도지만, 게들에겐 천길이 넘는 콘크리트 절벽이다. 배수로에 빠진 게들은 충격으로 비명횡사하거나 이동통로를 찾아 헤매다가 질식사한다.

부산대 연구팀의 조사에 의하면 낙동강 하구 을숙도 일원에는 말똥게, 도둑게, 방게, 엽낭게 등 모두 6종의 게들이 사는데, 예외 없이 이러한 수난을 겪고 있다고 한다. 6~9월 피해가 심할 땐 일주일

에 2천여 마리가 죽어나간다. 뿐만 아니라 을숙도 매립지 인근 습지나 수풀에서 서식하는 뱀, 지렁이, 쥐 등도 종종 콘크리트 배수구에 빠져 최후를 맞는다.

문제가 심각해지자, 부산시는 부랴부랴 우수배수로 안에 부분적으로 자갈을 채우고 철제 사다리 비슷한 이동펜스를 설치했다. 매립장 둘레의 배수로에 가로 1m, 세로 30㎝, 폭 5㎝ 가량의 사다리꼴 펜스가 그것이다. 알고 보면 우스꽝스럽다. 게들의 이동 편의를 돕는 이른바 '생태통로'지만, 서식공간이 사라져 게들이 크게 줄어든 상황이라 효과를 기대하긴 어렵다. 인간들의 갸륵한 편의제공에도 불구하고 게들의 떼죽음 행진은 계속되고 있다. 게들의 죽음은 자살인가, 타살인가.

고향을 잃은 뱀장어

　요즘도 자연산 뱀장어가 있을까? 자연산은 무늬뿐이고 대부분은 양식이라고 한다. 자연산과 양식을 구분하는 기준은 색깔이다. 양식은 검은 빛깔에 가깝지만 자연산은 황토색을 띤다. 무게도 자연산이 훨씬 더 나간다. 그러나 이를 꼬치꼬치 따지며 먹는 미식가는 거의 없다. 숯불에 구워 양념 발라 먹는 장어 맛이란! 미식가들은 맛을 앞세울 뿐, 장어의 출처를 알려고 하지 않는다. 명칭도 흔히 민물장어라고 부르지만, 정확한 것은 뱀장어다. 우리가 자주 먹는 꼼장어는 먹장어로, 바다에 사는 장어다. 뱀장어 빼고는 다른 모든 장어가 바다에 산다고 보면 된다. 일본말로 아나고(アナゴ)라고 부르는 붕장어도 바다에서 잡힌다.

　뱀장어의 미스터리는 힘이 세다는 데서 출발한다. 민물에서 바다로 먼 여행을 하기 때문에 힘이 세고, 몸에도 좋다고 생각한 것이다. 보통은 뱀장어가 민물에서만 사는 것으로 알지만 그건 오산이다. 연어처럼 바다와 강을 오가는 회유성 어류이고, 연어와는 정반대로 강에서 자란 후에 자신이 기원한 장소인 태평양 깊은 바다로 돌아가 오로지 그곳에서만 산란하는 습성을 지닌다.

뱀장어는 세계인의 오랜 스태미나 음식이다. 단백질과 아미노산이 풍부해 체력 보강과 노화방지, 성인병 예방에도 좋다고 한다. 더위로 기운 빠진 몸에 장어가 좋다는 이야기가 7세기 일본 고서 《만엽집(萬葉集)》에 기록되어 있다. 우리의 《동의보감》에는 뱀장어를 '배암', 《전어지》에는 배가 하얀 까닭에 '백선', 뱀과 비슷하여 '뱀고기'로 불렀다는 기록이 있다. 영국은 장어를 간편한 젤리로 만들어 먹고, 독일은 지역별로 장어를 훈제하거나 스튜로 만들어 즐긴다.

뱀장어의 생태는 아직 많은 부분이 미스터리로 남아 있다. 지금까지 연구에 따르면, 한반도에서 무려 3,000km 떨어진 태평양 한가운데로 향하는 9개월여의 여정 동안 장어는 아무것도 먹지 않는다고 한다. 일본은 80년 전부터 태평양 일대를 뒤져 장어의 신비로운 생태를 연구해왔다. 1980년대부터는 한·중·일의 뱀장어 연구 학자들이 함께 산란장 조사에 나섰다. 1991년 필리핀 동쪽 해역에서 1cm 내외의 댓잎뱀장어를 발견하는 데 성공해 이듬해 《네이쳐》지 표지 사진으로 실리기도 했다. 그러나 장어의 미스터리가 풀린 것은 아니었다.

어미 뱀장어의 3,000km 여정 끝에서 시작된 뱀장어의 새 생명은 어미가 왔던 길을 그대로 되짚어 한반도의 강이나 하천으로 돌아온다. 5월에서 6월 사이 태어난 유생(幼生)은 쿠로시오 해류를 타고 오다가 대륙붕을 돌면서 실뱀장어가 된다. 8개월 이상 걸려 우리 연안에 도착했을 때의 실뱀장어는 5cm, 0.2g 정도로 바늘만한 크기다. 이때 최대한 몸을 가볍게 하기 위해 아무것도 섭취하지 않아 심장 뛰는 것이 보일 만큼 투명하다.

이 만만한 먹잇감을 기다리는 것은 민물이 시작되는 곳을 지키고 노는 망둥어다. 상류로 올라가야만 하는 실뱀장어는 망둥어와 사투를 펼친다. 살아남아야 고향으로 갈 수 있다.

실뱀장어는 가장 어둡다는 그믐사리 밤에 천적을 피해 올라갈 수 있는 최대의 상류까지 올라가려 한다. 그런데 그 앞에는 또 하나의 관문이 버티고 있다. 하굿둑이다. 심해의 조건에서만 산란을 하는 뱀장어의 특이한 습성 탓에 아직 인공종묘 생산 기술이 완벽하게 정립되지 않았는데, 이 때문에 민물을 찾아오는 실뱀장어가 인간들의 채집 대상이 된다. 실뱀장어 양식을 해야 현실적인 수요를 충족할 수 있기 때문이다.

부산 사하구 하단동 낙동강 하굿둑 주변에는 1~4월 사이 진풍경이 벌어진다. 실뱀장어를 잡으려는 어민들의 그물과 불빛들로 북새통이 연출되는 것이다. 어민들은 수문 주변에는 그물을 펼쳐 놓고, 그 아래쪽 모래톱 일대에는 안강망을 쳐 실뱀장어를 잡는다. 안강망은 주둥이가 큰 자루 모양의 그물인데, 조수가 흘러오는 쪽으로 그물입을 벌려두면 실뱀장어 등이 들어온다. 실뱀장어는 수산자원보호령에 따라 체포가 금지된 치어지만, 관행어업으로 묵인되곤 했다.

"범인은 저 하굿둑이라카이!"

부산 사하구 하단동의 어민 박남용 씨는 15살 때부터 뱀장어를 잡았다. 어언 장어잡이 경험만 45년이다. 한때는 갈퀴가 달린 대나무 하나로 자연산 장어를 건져 올릴 정도로 실력이 남달랐다. 주낙(긴 낚싯줄에 여러 개의 낚시를 달아 물속에 늘어뜨려 고기를 잡는 낚싯법)으로도 장어를 잡아 올렸다. 하지만 이제는 장어를 잡기 위해 트럭에 배를 싣고 전국 방방곡곡을 돌아다녀야 할 처지다. 낙동강에 하굿둑이 생긴 후 더 이상 장어를 찾을 수 없기 때문이다. 함께 장어를 잡았던 다른 어부들은 이미 그곳을 떠났고, 그는 낙동강의 마지막 장어잡이 어부가 되었다.

"자연산 장어, 그건 철새라. 하굿둑이 들어서고는 거의 멸종 상태라. 생각하면 안타깝지. 자연산 장어가 사라지면 실뱀장어도, 양식 장어도 없어야."

박 씨의 이야기는 뱀장어의 위기만이 아닌, 자연생태계 고리가 깨지고 있다는 경고였다.

사하구 장림동 어민 김동춘 씨는 민물장어잡이 통발을 잊을 수 없다. 갈게잡이, 재첩잡이, 김 양식 등 낙동강 하구 일대에서 안해본 어업이 없는 그는 1960년대 말부터 낙동강이 중상류의 오폐수 유입으로 급격히 오염되면서 자연산 재첩 등이 자취를 감추자 통발로 민물장어잡이를 시작했다. 봄부터 가을까지 강 상류에서 살던 장어는 찬바람이 일기 시작하는 11월쯤 다시 바다로 돌아가기 위해 낙동강 하구를 지난다. 토실토실 살이 오른 채 바다로 돌아가는 장어들은 그의 통발을 찾는 반가운 손님이었다. 운수 좋은 날이면 하루에 요즘 시가로 약 300만 원 어치의 장어를 건져 올리기도 했다고 한다. 1970년대 대학 등록금이 20만~40만 원이었으니 얼마나 큰돈이었는지 짐작이 간다.

하굿둑 인근에서 연어 치어를 방류하는 모습.

그러나 하굿둑이 막히고부터 장어는 다시 볼 수 없는 어종이 돼 버렸다. 김 씨는 "강산이 대여섯 번도 더 바뀐 낙동강살이에서 가장 화려했던 때가 장어잡이 시절이었어. 장어잡이를 한 번만 더 해 봤으면 여한이 없겠네"라고 했다.

뱀장어의 산란 위기는 오늘날 하굿둑으로 신음하는 기수역(汽水域)의 문제점을 상징적으로 보여준다. 기수역은 바닷물과 민물이 만나면서 일어나는 염분 농도 차에 의해 물 아지랑이가 이는 것을 보고 붙여진 이름. 수많은 생명체들이 오가는 길목이다.

가을철 산란할 때가 된 장어는 다시 바다로 나가기 위해 5년 전 지나왔던 기수역을 다시 거치면서 바닷물에 차차 적응을 한다. 전어, 황복 등도 산란 시기가 되면 기수역으로 모여든다. 해양 생물의 70%가 산란을 하러 온다는 이곳은 뭍에서 흘러나온 부유물이 많아 먹이가 풍부해 치어들이 성장하기 좋은 환경이 형성된다.

하지만 이 길목이 높은 하굿둑으로 막히면서 장어는 바다로 가지도 민물로 오르지도 못하게 되었다. 우리나라의 강은 약 80%가 하굿둑으로 막혀 있다. 하굿둑을 설치할 때 고기가 드나드는 길, 즉 어도를 설치하는데, 연어가 기준이라 뱀장어와 같은 치어가 하굿둑을 넘어 민물로 가기는 기적에 가깝다. 수십 년간 강과 하천의 하구가 둑이나 보로 막히는 동안 자연산 뱀장어는 10%밖에 남지 않았다. 다급해진 사람들은 장어새끼(실뱀장어)를 닥치는 대로 잡아 키우기 시작했고, 이 때문에 어미 장어의 수가 급격히 줄고 또다시 새끼가 줄어드는 생태의 악순환이 계속되고 있다. 자연산 뱀장어가 사라지면 우리가 맛보는 뱀장어의 맛을 우리 다음 세대는 맛보지 못한다. 이 악순환을 끊으려면 하굿둑을 없애 강과 바다를 소통시켜야 한다.

사라진 원조 재첩국

  그 시절 낙동강에선 매일 싱싱한 재첩이 올라왔다. 부산의 새벽 골목길엔 '째찌국(재첩국) 사이소, 째찌국~'하는 낭랑한 여자 목소리가 넘쳤다. 재첩국 장사들의 외침으로 부산의 아침이 열렸다. 강이 막히기 전의 이야기다.

  재첩이라는 조개는 강 하구에만 산다. 민물과 바닷물이 섞이는 기수역이 재첩들의 고향이다. 이놈들의 먹이는 모래나 뻘 속의 유기물이나 플랑크톤, 조류(藻類) 따위다. 낙동강 하구의 모래톱은 육지의 영양물질과 해양의 무기염류가 골고루 섞여 재첩이 사는 데 최적의 환경을 제공했다.

  1970년대 말까지 부산의 엄궁과 하단지역은 전국적으로 이름을 떨치던 '재첩 마을'이었다. 하루 종일 캐낸 재첩을 물에 끓여 날이 밝기도 전 양철동이에 담아 머리에 이고 엄궁지역 사람들은 구덕고개를 넘고 하단지역 사람들은 대티고개를 넘어 부산 거리를 누볐다.

낙동강 하구의 재첩은 수질오염과 하굿둑이라는 개발의 이중 포화를 맞고 자취를 감췄다. 사진은 1980년대 재첩 잡이 풍경.

　"재첩? 뭔 소리요. 저 위쪽 구포 엄궁에서 하단 명지 장림까지 재첩 천지였지. 모래밭에 손을 집어넣으면 한 주먹씩 잡혔어요. 그걸로 자식 공부시키고 다 했지 뭐."

　부산 사하구 하단어촌계장 이춘식 씨의 회고다. 20여 년째 어촌계 일을 보고 있는 이 씨는 '하굿둑이 재첩을 삼켰다'고 말한다.

　하굿둑 완공 이후 낙동강 재첩은 빠르게 자취를 감추었다. 낙동강 재첩이 줄어들자 섬진강의 하동 재첩이 들어왔고 시장에선 중국산 또는 북한산 재첩이 팔렸다. 그러나 낙동강 재첩이 완전 씨가 마른 것은 아니었다. 옛날에 비할 바는 아니지만 몇 년 전부터 을숙도 남단 갯벌 일대에 재첩이 되살아난다는 기별이 있다.

　"하동 재첩 종패를 심어 기르지요. 낙동강 산 재첩은 확실히 맛이 달라요. 삶아보면 뽀얀 우윳빛이 납니다. 중국 재첩은 거무죽죽

낙동강 하구에서 재첩을 수확하는 아지매들. 1970년대 풍경이다.

하거든. 값 차이가 엄청 나요. 30kg들이 한 포대에 중국산은 1만 ~2만 원인데, 낙동강 것은 10만~12만 원까지 합니다. 국내선 비싸서 못 먹고 대부분 일본으로 수출하지요. 입맛이 까다로운 일본에서 우리 재첩이 각광받는다는 것은 그만큼 맛이 좋다는 말 아니겠소."(이춘식 계장)

맛 좋은 것은 일본에 팔고 우리는 질 떨어지는 중국산 재첩을 먹을 수밖에 없는 현실이 쓴웃음을 짓게 한다. 하굿둑 건설이 가져온 씁쓸한 식문화의 단면이다.

낙동강 하구의 재첩은 수질오염과 하굿둑이라는 개발의 이중 포화를 맞고 자취를 감췄다. 전국 어디에서나 맛볼 수 있었던 자연산 재첩은 이제 섬진강 하구에서만 만날 수 있다.

비록 옛날 같진 않다 해도 부산 사상구 삼락동과 사하구 하단동,

1970년대 말까지 부산의 엄궁과 하단지역은 전국적으로 이름을 떨치던 '재첩 마을'이었다. 아줌마들은 하루 종일 캐낸 재첩을 물에 끓여 날이 밝기도 전 양철동이에 담아 머리에 이고 부산 거리를 누볐다.

강서구 명지동에는 전통의 재첩국 식당들이 적지 않다. 재첩에는 진흙과 모래가 많아, 국을 끓이기 위해서는 하룻밤 정도를 물에 담가 해감시켜야 한다. 처음에는 물 없이 재첩만 넣고 끓이는데 20~30분이 지나면 입이 벌어지면서 물이 나온다. 이 진국은 간에 좋다고 하여 약으로 쓰이기도 한다. 초장에 비벼 먹는 재첩회가 별미다.

재첩은 바다조개에 비해 크기는 작지만 영양은 두 배 이상이며 비타민과 각종 무기질, 호박산이 풍부해 숙취 해소에 그만이다. 술독에 빠졌던 술고래들도 이른 아침 뽀얀 재첩국을 한 사발 들이키면 기력을 금세 찾는다고 재첩국 식당 사람들은 이야기한다.

요즘엔 재첩 가공식품도 선보이고 있다. 건강식의 하나로 슈퍼나 마트에선 비닐팩에 포장되어 판매되기도 한다. 머리에 양철동이를 이고 재첩을 팔던 재첩국 아지매들은 이제 손수레를 끌고 '째찌국'을 외치고 다닌다. 아예 차량에 재첩국을 실어 이 동네 저 동네를 돌아다니는 재첩 행상도 등장했다. 격세지감이지만, 재첩국의 수요는 있다는 이야기다. 재첩의 출처(생산지)를 챙기는 소비자도 만나기 힘들어졌다.

사라진 것은 장어, 재첩만이 아니다. 어민들에게 물어보았더니 "많다마다, 쌔고 쌨지"라며 참게, 명태고시래기, 민물새우, 백새우, 황어 등을 단숨에 열거했다. 고기들이 사라져간 사이 하단어촌계 어민도 200여 명에서 지금은 70명 선으로 줄었다. 사하구청과 강서구청에서 몇 년 전부터 하굿둑과 녹산수문 일대에서 어종 복원의 일환으로 참게 방류사업을 하고 있으나 아직 만족할 만한 결과를 얻지 못하고 있다.

하굿둑이 기수역을 차단하고 있는 한 어종복원사업은 근본적인 한계가 있을 수밖에 없다.

고기들의 굴욕 : 피시 로킹

하굿둑 양쪽에는 고기길이라는 어도(魚道)가 만들어져 있다. 건설 당시 국내 처음으로 도입한 생태계 복원시설이다. 고기길은 높이 3m, 너비 1.7m의 계단식 통로 형태로 돼 있다. 기본적으로는 덩치가 큰 연어의 모천회귀를 겨냥해 만들었다고 한다. 덩치 작은 물고기들과 치어들은 언감생심이다. 이마저 염분 역류를 막기 위해 하루 최소 8시간 정도가 폐쇄된다. 이때는 바다 고기들이 강을 따라 오르는 길이 아예 없어진다. 자연스럽게 강과 바다를 오가야 할 고기들이 얼마나 스트레스를 받을지는 보지 않아도 알 만하다.

수자원공사 측은 2008년 고심 끝에 어도 속에 미니 쪽문(높이 9.5㎝ 너비 5㎝)을 냈다. 구멍이 작기는 하지만, 바다 고기를 유인하는 효과가 있을 것으로 수자원공사 측은 보고 있다.

어도의 기능이 미약하자, 최근엔 '피시 로킹(Fish locking)'이라는 어류이동 프로그램을 가동하기 시작했다. 상류의 담수를 갑문을 통해 일정 시간 하류로 흘려보내 회유성 어류를 불러 상류로 이동시

하굿둑 건설 이후 한국수자원공사는 나름대로 낙동강 생태계 개선 노력을 하고 있다. 어도(魚道)에 쪽문을 내고 '피시 로킹(Fish locking)'이란 어류이동 프로그램을 운영하고 있다. 왼쪽부터 갑문이 열리는 모습, 갑문 내부, 하굿둑 하류의 갑문이 열리는 모습, 배가 빠져나오는 장면. 이 갑문에서 민물과 짠물을 오가는 물고기 이동 프로그램인 피시 로킹이 실시된다.

키는 프로그램이다. 하굿둑에는 배가 다니도록 만든 길이 50m, 폭 9m의 갑문이 있는데, 이를 효과적으로 운영해 어류가 강과 바다를 드나들도록 한 것이다. 말하자면 하굿둑 갑문의 새로운 역할 발견이다.

피시 로킹 절차는 다소 복잡하다. 일정한 담수를 흘려보냄→갑문의 하류 수문 개방(약 2시간, 어류 유인)→하류 갑문 폐쇄→상류 갑문 개방(약 1시간, 어류 통과) 순이다. 한 사이클에 약 3시간이 걸린다. 지금까지는 상류〉하류 수위차가 20㎝ 이상일 경우에만 실시했는데, 최근엔 갑문 내에 소문(폐달)을 만들어 지속적인 유인수(담수)를 공급하여 효과를 높이고 있다.

수자원공사 측은 "2008년 4~7월 하루 6~8회씩 갑문에서 피시 로킹을 시행한 결과 34종 4만 8,000여 개체가 조사되어 운영 효과

가 큰 것으로 나타났다"면서, "밀물 때 피시 로킹을 할 경우 하굿둑 상류의 염분도가 어떻게 변화할지 등에 대한 연구도 진행하고 있다"고 설명했다.

피시 로킹은 하굿둑이 가져온 웃지 못할 소극이다. 담수가 그리운 물고기들은 인간들에게 잡힐 것을 각오하고 갑문으로 들어갈 수밖에 없다. 하굿둑을 통과해야 하는 고기들의 굴욕이다. 회유성 고기들은 이러한 굴욕을 감수하면서도 하굿둑을 넘고 싶어 한다.

인공생태계

　을숙도 서남단 갈대숲 속에는 철새관망탑 하나가 기우뚱한 모습으로 서 있다. 높이가 14.2m, 단면적이 4.6㎡로 제법 규모가 큰 관망탑이다. 1987년 낙동강 하굿둑 완공 후 부산 사하구청에서 철새보호와 탐조객 편의를 위해 당시 돈으로 2,600만 원을 들여 세운 것이다. 그런데 1997년 이곳에 인공습지를 조성하면서 바깥쪽과 차단돼 배를 타야 들어갈 수 있는 섬처럼 변해 버렸다. 그래서 지금은 아무짝에도 쓸모없는 관망탑이 돼 버렸다.

　이 기우뚱한 관망탑은 을숙도 환경파괴의 아픈 상징처럼 다가온다. 지키고 보호해야 할 문화재보호구역(철새도래지)에 하굿둑을 설치한 일, 분뇨처리장을 들이고 엄청난 쓰레기를 묻은 일, 한쪽에선 파괴된 습지를 복원하고 다른 쪽에선 복원한 습지를 다시 파괴하는 일, 인공이란 이름으로 자연생태를 이야기하고 있는 인공생태계.

　이 중 압권은 인공생태계라는 이름의 복원사업이다. 문화재청은 을숙도에 쓰레기를 매립하는 조건으로 부산시에 사후 철새도 래지 부분 복원을 요구했다. 물불을 가릴 처지가 아니었던 부산시는 요구를 수용할 수밖에 없었다. 이에 따라 1995~97년 사이 을숙도 서남단(약 45만 2,800㎡)과 인근의 대마등(약 33만㎡), 신호리(약 14만 8,700㎡) 3곳에 모두 120억 원을 들여 철새서식지를 조성했다. 기존 습지에 연못을 내고, 수로를 조성하는 식으로 자연 형태의 습지를 만들었다. 이것이 그 유명한 낙동강 하구의 인공생태계, 즉 철새 인공서식지다.

조성 당시 전문가들은 "습지에 왜 습지를 복원하나. 헛돈만 쓴다. 그대로 두는 게 최선일 것"이라며 우려를 제기했으나 공사는 예정대로 진행됐다. 우려한 대로 새들은 무엇이 마음에 들지 않았는지 인공서식지를 외면했다. 조성 후 몇 년이 안 돼 3곳의 인공생태계는 관리부실까지 겹쳐 애물단지로 변했다. 인위적 사고, 허술한 구상이 빚은 예고된 실패였다. 을숙도 남단의 인공서식지는 물웅덩이를 너무 깊게 파놓는 바람에 잠수성 새들만이 찾아들고, 신호리는 애초 위치 선정을 잘못하는 바람에 철새서식지로서 기능을 하지 못하고 있다. 3곳 중 대마등만이 인공서식지의 체면을 지켜주고 있다.

부산시가 을숙도에 만든 '철새공원'도 여러 가지 문제점을 노출하고 있다. 부산시는 과거 쓰레기 매립장, 준설토 적치장, 파밭 등으로 훼손되었던 을숙도의 자연생태계를 복원하기 위해 2003~2005년 사업비 218억 원을 투입해 철새들이 오게끔 기수, 담수, 해수습지 등 총 40만 3,000㎡의 습지를 조성했다. 대대적인

을숙도 서남단 갈대숲 속 철새관망탑. 기우뚱한 모습이 철새도래지의 관리 현실을 보여주는 듯하다.

을숙도에 조성되고 있는 철새인공서식지. 기존 습지에 연못을 내고, 수로를 조성하는 식으로 자연 형태의 습지를 만들었다.

생태복원사업이었다. 이어 2007년 6월에는 147억 원을 들여 낙동 강하구에코센터를 개관했다. 겉으로는 을숙도가 과거의 상처를 씻고 명실 공히 철새공원으로 거듭나는 것처럼 보인다.

하지만 이곳이 정말 철새들을 위한 공간인가 하는 의문이 따른다. 전체적인 분위기가 생태공원이라기보다 디즈니랜드형 공원에 가깝기 때문이다. 게다가 거액이 들어간 인공습지에 갈대가 과다 번식, 새들의 쉼터가 아니라 '갈대천국'이 되고 말았다. 습지가 육화되어 새들이 서식하기 어렵게 된 것이다.

문제가 심상치 않자 부산시는 부랴부랴 문화재청의 허가를 얻어 토사 및 갈대 제거에 나서기로 하고 예산 5억 원을 편성했다. 복원 후 재복원하는 웃지 못할 상황이 벌어진 것이다. 예산 낭비가 아닐 수 없다.

을숙도는 개발 연대의 집중 포화를 맞고 그 원형이 사실상 전면 해체되었다. 쓰레기를 묻었던 그 가슴팍에 다시 개발 연대의 쐐기와도 같은 명지대교가 건너가고 있다.

그런데도 철새들은 을숙도를 쉽사리 떠나지 않으려 한다. 마지막 남은 희망의 날갯짓으로 을숙도를 찾아와 뻘판에 주둥이를 들이밀고 날아갈 힘을 빨아들인다. 세상의 가장 낮고 작은 것들이 뒹구는 거대한 순환의 생명밭. 그곳의 주인인 철새들은 '사람이 새를 키운다'는 생각으로 저질러놓은 파괴-복원-재복원 모습을 어떻게 보고 있을까.

5

철새공화국은
평화공화국이다

야생동물치료센터 24시 | 철새공원의 빛과 그림자 | 을숙도 철새공화국 | 을숙도 지킴이들 | 공존을 묻다

야생동물치료센터 24시

　　"훨훨 날아가렴, 다시는 다쳐서 이곳에 오지 말고⋯⋯."

　　부산 사하구 하단동 을숙도 철새공원에서는 계절별로 한두 번씩 야생동물 자연 귀환 행사가 열린다. 부산야생동물치료센터에서 치료 및 재활훈련을 받고 완쾌된 야생동물들을 자연으로 돌려보내는 행사다. 야생동물은 주로 조류들이다. 수리부엉이나 황조롱이, 솔개, 새매, 왜가리, 청둥오리 등 멸종위기에 처한 보호종이 대부분이다. 가끔씩 삵이나 고라니 같은 동물들도 있다.

　　이들 야생동물은 오염된 먹이를 먹고 탈진했거나 차량 또는 각종 시설물에 부딪쳐 부상을 입은 채 발견되어 후송되어 온다. 말하자면 야생동물치료센터는 동물들의 야전병원이자 클리닉인 셈이다.

　　2008년 10월 문을 연 부산야생동물치료센터는 을숙도 내 낙동강 하구에코센터 인근에 있다. 시설은 부상한 야생동물을 검사 진료하는 치료동(454㎡)과 치료한 야생동물을 자연으로 돌려보내기 전 적응능력을 키워주는 계류동(427㎡)으로 구분되어 있다. 건립비는

12억 원(국비 5억, 시비 7억 원). 치료센터 측은 개설 1년 만에 조류 및 포유류 약 300여 개체를 치료 또는 재활시켜 자유를 찾게 해주었다고 밝히고 있다.

2009년 여름 야생동물치료센터 인근에서 좁은 이동장에 갇혀 있던 너구리 두 마리를 만났다. 이동장의 문이 열리자 한 놈은 잽싸게 뛰어나갔으나 한 놈은 겁을 먹은 듯 몸을 움츠렸다. 자유를 얻고도 자유를 누리지 못하는 것은 몸이 자유롭지 않은 탓이다.

이 녀석들은 둘 다 지난봄 자유를 잃었다. 먹이를 찾아 들판을 헤매다 덫에 걸렸다. 발버둥을 치면 칠수록 점점 조여 오는 죽음의 도구. 다행히 등산객에 의해 구조되어 치료센터로 인계됐다. 2개월가량 치료를 받은 뒤 녀석들은 이동장에 실려 고향으로 되돌아가는 문턱에 선 것이다. 상처가 깊었던 한 녀석은 보호사로부터 등을 떠밀리고서야 힘겹게 발걸음을 뗐다.

부리가 부리부리하고 눈이 총명한 왕새매(멸종위기 야생동물 2급)와 발톱이 날카로운 황조롱이(천연기념물). 이 녀석들은 지난여름 치료센터에 실려 왔다. 허공에서 자유비행하며 맘 놓고 어디론가 가던 중 눈앞에 뭔가가 부딪혔다. 꽝! 순식간이 발생한 시설물과의 충돌사고로 왕새매와 황조롱이는 정신을 잃고 땅으로 곤두박질쳤다. 한 녀석은 머리에, 한 녀석은 날갯죽지에 피가 흥건했다. 즉시 치료센터로 이송되지 않았다면 녀석들은 그것으로 삶을 마감할 뻔했다.

자연을 훼손하고 무지막지한 시설물을 무분별하게 설치하는 인간들이 야속할 때도 있지만, 죽을 뻔한 목숨이 부지돼 다시 살아갈

낙동강 하구 불법 정치망에 희생된 철새들. 인간이 쳐놓은 올가미에 걸려 죽은 철새들은 공존의 의미를 무겁게 묻고 있다. 사진:국제신문 제공

수 있다는 희망은 분명 고마운 일이다. 야생의 족속들은 원래 치료라는 개념을 모른다. 살면 살고 죽으면 죽는 것이다. 구차하게 사느니, 소리 없는 죽음을 택하는 것이 야생의 질서다. 야생의 삶이 인간의 손에 의해 치료된다는 사실은 어쩌면 치욕이지만, 삶을 포기할 수는 없는 일이다. 치료센터에 갇혀 있는 동안, 녀석들의 눈은 자유에 대한 갈망으로 이글거린다.

부산야생동물치료센터는 부산권역에서는 유일한 동물치료시설이다. 센터에는 수의사 2명을 포함해 4명이 일하고 있다. 치료센터 측은 당초 한 해 150마리 정도를 치료하면 될 것으로 예측했으나, 실제로는 그 두 배에 이르고 있다. 동물들의 치료 수요가 많다는 것은 서식환경이 그만큼 악화돼 있다는 이야기다.

이곳에서 일하는 수의사들은 종종 낚싯대를 들고 다닌다. 낚싯대는 몸을 다친 뒤 오랫동안 비행 기능을 상실한 조류의 비행 감각을 회복시키는 데 유용한 도구다.

먼저 새 다리에 낚싯줄을 감은 뒤 하늘로 띄운다. 그러면 새는 저마다의 깜냥대로 날갯짓을 한다. 완치가 안 된 조류를 마냥 날려 보낼 수 없기에 다리를 묶은 채 나는 연습을 시키는 것이다. 안쓰러운 장면이지만 불가피한 재활훈련이다.

새끼들의 사냥 훈련도 수의사들의 몫이다. 아주 어릴 때 센터로 들어온 새들은 스스로 먹이를 잡지 못한다. 따라서 살아 있는 벌레나 곤충을 던져 새들이 사냥기술을 배울 수 있도록 연습을 시켜줘야 한다. 수의사들이 어미새의 역할을 대신하는 셈이다.

다친 동물의 치료는 인간사회의 일반 병원과 별반 다르지 않다. 접수가 되면 체중 등 기본 상황을 점검한 뒤 혈액분석을 한다. 조류의 경우에는 조류인플루엔자, 포유류의 경우에는 개홍역 등에 걸렸는지를 우선 검사한다. 필요하면 검안경을 통해 눈의 상태를 본다. 고층건물에 충돌한 조류 대부분은 눈에 심한 충격을 받기 때문이다. 골절 여부를 알기 위해 엑스레이도 찍는다.

상태가 좋지 않은 동물은 집중치료실로 보내진다. 일종의 중환자실이다. 부상 정도에 따라 곧바로 수술이 시작된다. 고통을 느끼는 것은 동물도 마찬가지여서 마취는 필수다. 몸이 작은 조류에게는 흡입마취법이 사용되고, 포유류에게는 약물주사가 투여된다. 수술에는 출혈이 적고 피 응고 기능이 있는 전기 수술도구가 동원된다.

치료실의 시설은 최신식이다. 수술 도중 동물의 맥박을 측정할 수 있는 모니터를 비롯해 생화학자동분석기, 환자감시장치 등 다양한 장비가 있다. 이곳 수의사들은 일반 동물병원보다 시설이 훨씬 낫다고 말한다.

급한 고비를 넘긴 동물들은 회복실로 옮겨진다. 이곳에서 몸 상태를 추슬러 상태가 호전되면 보호장이나 계류사로 옮겨진다. 그러나 모두 자연으로 돌아갈 수 있는 것은 아니다. 날개나 척추 등에 심각한 부상을 입은 동물은 자연복귀 대상에서 제외된다. 목숨을 얻은 대신 자유를 반납한 경우다.

조류들의 먹이는 주로 병아리다. 쥐 같은 설치류도 좋은 먹잇감이지만 구하기가 힘들다고 한다. 병아리는 주로 상품성이 떨어지는 수평아리가 대상. 한 마리에 50원 정도 쳐서 한 번에 보통 1만여 마리를 사온다. 조류들의 야생성을 살리기 위해서는 산 채로 넣어줄 필요가 있어 보이지만 그건 안 된다. 동물보호법상 CO_2가스로 안락사를 시킨 뒤 우리에 넣어야 한단다. 생명에 대한 배려지만 모두가 불쌍하다.

치료센터의 존재가 알려지면서 웃지 못할 해프닝도 생겨나고 있다. 어미 야생동물이 돌보고 있던 새끼들을 '고아'로 오인해 센터에 맡기면서 동물 가족을 생이별시키는 사례가 잇따르고 있다. 많은 때는 한 달에 30건이 넘는다고 한다. 종류로는 천연기념물인 황조롱이가 가장 많고 그 다음은 고라니다.

황조롱이는 보통 4~7월 사이 4~6개의 알을 낳아 한 달가량 품어 새끼가 부화한다. 새끼들은 어미 밑에서 한 달 정도 훈련을 받고 독립한다. 그런데 새끼들이 제대로 날지 못하는 훈련 초기에 이를 발견한 시민들이 어미새가 버린 것으로 착각하고 치료센터로 데리

2008년 10월 문을 연 부산야생동물치료센터. 이곳은 을숙도의 희망이요 낙동강 하구의 미래 비전이다. 인간과 야생동물의 소통과 공존을 이야기하는 구심점이기 때문이다.

고 온다는 것이다.

통상 5~6월에 새끼를 낳는 고라니 어미들도 갓 출산한 새끼들을 풀숲이나 우거진 관목 사이에 감춰둔 뒤 먹이사냥을 나가는데 이때 등산객들이 혼자 있는 새끼를 발견, 치료센터로 안고 오기도 한다. 치료센터에 인계되는 고라니 새끼 중 탯줄이 떨어지지 않은 생후 1주일 이내가 많은 것은 대부분 이 때문으로 풀이된다.

야생동물의 경우 어미들이 새끼의 훈련 과정을 멀리서 지켜보고 있기 때문에 사람들이 멋모르고 새끼를 데려오는 것은 사실상 '동물유괴'나 다름없다는 게 치료센터 측의 설명이다.

센터 내에 있는 보호동물은 조류가 압도적으로 많다. 낙동강 하구라는 세계적인 철새도래지를 끼고 있는 까닭이다. 몸집이 작은 철새류도 있지만, 맹금류도 곧잘 들어온다.

얼마 전 이곳에 들어온 독수리 두 마리는 평생 날개를 접고 살아가야 할 운명이다. 이 녀석들은 지난겨울 부산 명지와 마산 인근에서 날개를 심하게 다친 채 후송돼왔다. 한 녀석은 초기 치료를 받지 못한 까닭에 날개 부분의 뼈가 골절된 상태에서 붙어버렸다. 날갯짓이 어려운 상황이다. 자연으로 돌아가지 못한다는 뜻이다.

비록 창공을 날지는 못하지만 날개를 퍼덕거린다. 쭉 편 날개 길이가 2m는 넘을 것 같다. 날카로운 발톱과 눈매엔 여전히 카리스마가 흐른다. 하루에 병아리 20마리를 시식할 정도로 식욕도 왕성하다. 창공을 박차고 날아오를 것 같은 이 녀석은, 안타깝게도 더이상 날지 못한다. 부리부리한 눈빛 속에 지독한 슬픔의 기운이 흐르는 것 같았다.

지난봄 센터 식구가 된 솔개도 독수리와 마찬가지로 평생 눌러앉아 있어야 할 신세다. 사연이 딱하다. 까치떼의 집단 공격을 받아 날개를 다쳤다. 관절 수술을 했지만 원상회복이 불가능했다.

몸무게가 10㎏이나 되는 큰고니도 센터에 들어왔다. 큰고니는 천연기념물로서 낙동강 하구의 대표적 겨울철새. 녀석은 날개가 완전히 부러진 상태로 지난 늦겨울 을숙도 인근 물가에서 구조됐다. 상처가 깊어 재활훈련을 받는다 해도 날지는 못한다. 동료들이 북방으로 다시 돌아갈 때 합류하지 못하고 남아 있어야 하는 큰고니의 슬픔을 누가 헤아릴 수 있을까.

안타깝고 불쌍한 녀석들이 많지만, 그럼에도 불구하고, 부산야생동물치료센터는 을숙도의 희망이요 낙동강 하구의 미래 비전이다. 인간과 야생동물의 소통과 공존을 이야기하는 구심점이기 때문이다.

철새공원의 빛과 그림자

2008년 10월 초 낙동강하구에코센터는 '을숙도 습지확대'를 위한 기본 및 실시설계 최종 보고서를 공개했다. 보고서는 을숙도 내 겨울 철새서식지 확보를 위해 습지 11만 7,000㎡ 확대, 토사 및 갈대 제거, 수문 2기 설치, 탐방로 정비 등을 담고 있다. '을숙도에 대한 근본적인 습지 관리 시스템 정비'라는 설명도 붙어 있다.

얼핏 보면 부산시가 을숙도의 습지를 확대, 좋은 일을 하는 것처럼 보이지만 이는 앞서 조성한 철새공원(190만 7,000㎡)의 습지에 문제가 있어 다시 고치는 수순이다. 습지 확대라는 말은 '잘못 조성된 습지의 재복원'이라고 해야 정확하다.

낙동강하구에코센터

부산시는 지난 2000년도에 '을숙도의 철새도래지 보전 및 복원계획'을 수립하고 2003~2005년 사업비 218억 원을 들여 약 40만 3,000㎡의 습지를 조성했다. 철새들이 다시 찾아오게끔 기수습지,

담수습지, 해수습지 등을 만든 것이다. 대대적인 생태복원사업이었다. 이 사업의 일환으로 2007년 6월에는 147억 원을 들여 낙동강 하구에코센터(이하 에코센터)를 개관, 겉으로는 을숙도가 명실 공히 철새공원으로 거듭나는 듯했다.

그러나 이 같은 사업이 진정으로 철새들을 위한 것인가 하는 의문이 생긴다. 전체적인 분위기가 생태공원이라기보다 디즈니랜드형 공원에 가깝다. 게다가 거액을 들여 조성한 인공습지에 갈대가 과다 번식, 습지가 육화되는 현상이 나타났다. 새들의 쉼터가 되어야 할 곳에 갈대만 무성한 꼴이 돼 버렸다. 문제가 심상치 않자 부산시는 부랴부랴 문화재청의 허가를 얻어 토사 및 갈대 제거에 나서기로 하고 예산 5억 원을 편성했다. 복원 후 재복원에 다시 예산을 투입한 셈이다.

개장 초기 일부 논란이 따르긴 했지만, 에코센터는 을숙도의 역사에 획을 그을 만한 의미 있는 시설물이다. 자연 생태계를 이용한 전시·교육·체험학습 기능을 하면서, 낙동강 하구의 중요성과 가치를 널리 알리는 첨병 역할을 하고 있기 때문이다.

국비와 시비 총 147억 원이 투입된 에코센터는 지상 3층 연면적 4,075㎡ 규모다. 설계는 국제공모로 이뤄졌다. 1층은 다목적실과 사무실, 2층은 전시실, 3층은 다목적 영상실이다.

전시실은 중앙홀과 5개 구역으로 나누었다. 중앙홀에서는 폐쇄회로 텔레비전을 통해 낙동강 하구의 철새를 실시간 관찰할 수 있게 했다. 5개 구역은 낙동강 하구의 ■역사와 습지 ■이야기 ■생물 ■조류 ■과거·현재·미래 그리고 체험학습 공간으로 꾸몄다. 고

낙동강하구에코센터. 2007년 6월 개장했으며, 주요 업무는 을숙도 철새공원 보존을 위한 관리, 낙동강 하구 자연생태에 대한 조사, 교육, 전시 등이다.

니, 청둥오리 등 조류 박제 55종 85개체도 볼거리다.

에코센터의 주요 업무는 을숙도 철새공원 보전을 위한 관리, 낙동강 하구 자연생태에 대한 전시·안내·교육·연구·조사, 국내외 습지 및 철새 네트워크 구축 및 교류, 야생동물 치료·재활·보호·조사·

연구 등이다. 2008년 말 현재 관리·전시·교육 담당 직원은 24명이고, 시민 자원봉사자 70명이 생태 안내 및 외국어 통역을 맡고 있다.

에코센터 측은 2007년 6월 개장 이후 평일에는 300~400명, 주말과 휴일에는 900여 명이 찾고 있다고 밝히고 있다. 적어도 외형적 틀만 보면, 어느 선진국에도 뒤지지 않는 탐조 교육시설이라 할 수 있다.

하지만 일부 전문가는 전시 아이템이 구색 갖추기식이고, 내용상 특화되지도 않아 개선할 부분이 적지 않다고 꼬집는다. 게다가 실제 역할도 단순 전시 및 교육, 관리 기능 정도에 머물고 있다. 부산 야생동물치료센터가 그나마 기대 이상의 역할을 해주고 있다.

환경단체들은 "부산시가 에코센터 건립을 내세워 생태도시를 말하면서도, 한쪽에선 여전히 낙동강 하구 개발에 매달리는 이중적

태도를 보인다"며 환경 행정의 근본적인 인식변화를 촉구한다. 건물 하나 버젓이 지어놓았다고 낙동강 하구가 지켜지는 것은 아니란 이야기다.

버드 세이버(Bird Saver)

낙동강하구에코센터 2, 3층 전시실 전면은 통유리다. 크기는 가로 35m, 세로 4m로 초대형이다. 을숙도 습지에서 노니는 철새들을 육안으로 관찰하게끔 관람공간으로 꾸민 것이다. 그런데 이 통유리에 받혀 비명횡사하는 철새들이 있다. 철새 보호를 위해 만든 에코센터가 철새들의 무덤이 되는 어처구니없는 일이 벌어지고 있는 것이다. 에코센터 측에 따르면 한 해 줄잡아 30여 마리의 철새가 통유리에 부딪혀 죽거나 부상을 입는다고 한다.

이 같은 사고가 발생하는 것은 에코센터가 철새서식지 가까이 위치하는데다 주변의 습지와 나무, 갈대숲이 유리에 비치어 새들이 실물로 착각하기 때문이다. 신라시대 솔거가 그린 황룡사 노송도(老松圖)처럼 유리가 요술을 부리듯 새들을 불러들이는 상황이다.

충돌사고가 잇따르자 에코센터 측은 2009년 3월부터 궁여지책으로 건물 유리에 '버드 세이버(Bird Saver)'를 만들어 부착했다. 버드 세이버는 맹금류인 매나 솔개 따위의 모양을 한 일종의 충돌 방지용 스티커. 하지만 부딪히는 새가 맹금류일 경우 효과가 거의 없고, 다른 철새라 하더라도 허수아비 맹금류가 별로 위협이 되지 못하는 실정이다. 에코센터 내 야생동물치료센터에서 치료를 받고 있는 야생 조류의 40% 이상이 각종 건물 유리창에 부딪쳐 날개와

전면이 통유리인 낙동강하구에코센터 2, 3층 전시실. 철새들이 이곳의 통유리에 부딪혀 죽거나 부상을 입기도 한
다. 새들의 충돌사고가 잇따르자 에코센터 측은 건물 유리에 '버드 세이버(Bird Saver)'를 만들어 부착했다.

머리 등을 다친 케이스여서 새들의 통유리 충돌사고는 결코 가볍
게 볼 문제가 아니다. 다친 새들은 직박구리, 멧비둘기 등 텃새에
서부터 각종 철새에 이르기까지 다양하다. 더욱이 큰고니 등 겨울
철새들의 월동기엔 이러한 사고가 더 늘어난다.

버드 세이버는 궁여지책일 뿐 근본적인 대책은 되지 못한다. 에
코센터 측은 "일단은 버드 세이버가 얼마나 효과가 있는지 지켜봐
야 한다. 새들의 충돌이 계속 발생할 경우 새 모형 제작 등 다른 방
법을 찾아봐야 할 것"이라고 고충을 토로했다.

에코센터의 유리창을 가리는 방법도 생각할 수 있지만, 철새 보호 관찰을 목적으로 건립한 에코센터의 목적을 후퇴시키는 결과가 되어 선뜻 선택하기 어렵다. 에코센터를 설계할 당시 유리창 반사로 인한 새 충돌 가능성을 고려했어야 했는데, 그러지 못한 것이 실책이다. 어떤 사후약방문이 있을 것인가.

을숙도 철새공화국

　아름다운 모반이다. 새들을 데리고 누가, 무슨 수로 나라를 운영해갈지 모르지만 발상이 신선하다. 을숙도 철새공화국!

　어쩌면 발상이 아니라 기개요 저항이다. 무차별적 공격을 감행해오는 개발군(開發軍)에 맞서 보존군(保存軍)은 '공화국 선포'라는 카드를 택했다. 이것으로 새로운 전선이 형성되고 시민들이 주목하게 된다면 성과는 이미 거둔 셈. 밀리는 보존군의 전열을 가다듬는 계기가 된 것도 망외의 소득이다.

　을숙도 철새공화국은 2001년 12월 16일에 건국됐다. 영토는 을숙도를 중심으로 한 낙동강 하구 철새도래지. 하구의 천태만상 모래섬들이 부속 도서로 들어온다. 헌법은 전문과 19개 조로 구성돼 있다. 새들이 을숙도에 자유롭게 머물며 자연의 아름다움과 소중함을 보여주는 공간으로 영원히 남았으면 한다는 간절한 바람이 담겼다. 자연 생명과 평화, 후손을 위한 미래적 자산을 지켜내자는 결의가 흐른다.

'을숙도 철새공화국은 평화공화국이다(제1조). 그 영토는 을숙도와 그 일원으로 한다(제2조)……. 모든 생명은 누구든지 자연 앞에 평등하다(제8조)…….'

철새공화국은 새들이 1차 주권을 갖는 나라다. 영토 내의 개발·훼손·관광·학습행위는 철새들의 '동의'를 구해야 한다. 새를 괴롭히는 모든 행위가 엄단된다. 또 철새를 비롯한 모든 생명은 인간과 더불어 살아야 권리를 갖고(제4조), 인간의 미래세대가 철새공화국의 가장 중요한 국민이란 점을 명시했다(제15조).

을숙도 철새공화국의 선포 주체는 '을숙도 명지대교 공동대책회의.' 을숙도를 관통하는 명지대교 직선화에 반대해온 녹색연합, 환경을 생각하는 교사모임 등 전국 106개 시민사회단체로 구성됐다. '철새공화국'이란 아이디어는 김해창 희망제작소 부소장(전 국제신문 기자)과 환경을 생각하는 교사모임의 강연성 교사가 냈다.

철새공화국 선포는 명지대교 건설을 저지해야 한다는 시민환경단체들의 열망과 의지를 결집한 이벤트였다. 물밀듯 쳐들어오는 개발군의 공세를 철새의 입장에서, 을숙도라는 생명공간의 편에서 대응해보자는 발로였다. 낙동강 하구의 상황이 그만큼 절박하다는 알림이었다(2001년 11월 21일 부산시는 '직선형' 명지대교 건설을 위한 문화재 현상변경허가 신청을 내 문화재위원회의 보완 지시를 받았고, 2002년 2월 27일 '직선형 우회안'으로 재신청해 통과시켰다).

철새공화국 선포는 을숙도 역사에 빼놓을 수 없는 명장면이다. 철새들, 즉 자연생명의 주권을 이야기한 적극적인 환경운동이기 때문이다. 국가가 지정한 문화재보호구역(천연기념물)을 국가 스스로

2008년 4월 1일 한반도대운하 백지화를 위한 종교인 생명평화 100일 도보순례단이 을숙도 문화회관 앞 광장에서 마무리 행사를 하고 있다.

무너뜨리려는 사태에 대한 저항이 '새로운 나라 건설'이란 형태로 표출됐다는 것은 생태적 상상력의 승리다. 비록 문서상의 공화국이지만, 이를 오래도록 기억해야 할 이유도 여기에 있다. 을숙도의 소리치지 못하는 고통과 치욕의 역사를 위무하는 생태적 상상력은 더욱 확장되어야 하겠기에.

'을숙도 철새공화국'의 헌법 전문과 조문을 여기 또렷이 기록해 놓는다.

을숙도 철새공화국 헌법

자연의 오랜 쉼터이자 생명터인 우리 을숙도 철새공화국은 천연기념물 제179호(1966)로 지정되어 생태계보전지역(1989)이자 습지보호구역(1999)이기에 자연생태계에서 차지하는 중요성이 인정된 바, 사람 사는 세상의 마지막 희망으로 지켜내어야 할 가치 있는 땅으로서, 어떠한 인위적 개발 유혹과 이기적인 폭력으로부터 벗어나 모든 생명이 제자리에서 함께 살아가는 평화를 지키며, 하늘과 물이 맞닿아 눈부신 이 땅 위에 티 없이 아름다운 세상을 건설하기 위하여, 낙동강 하구의 갯벌과 모래톱의 갈대와 철새들의 울음소리가 사람의 아들딸들이 더 오랫동안 간직하고 배워야할 생명의 소중한 배움터임을 깨닫고, 사람들의 뒤틀린 살림살이를 바로 세우는 모든 노력을 다함으로써, 생명밭의 어머니인 자연이 주는 새 힘으로 새로운 세상을 열어가기를 꿈꾸면서, 별빛의 바람처럼 철새와 한생명을 느끼는 사람들이 모여 고니 울음 가득한 2001년 12월 16일에 을숙도 철새공화국 헌법을 제정하여 선포한다.

2001년 12월 16일

제1조 을숙도 철새공화국은 평화공화국이다.

제2조 을숙도 철새공화국의 영토는 낙동강 하구 문화재보호구역 일원으로 한다.

제3조 을숙도 철새공화국의 국민은 생명과 평화에 대한 사랑을 근본으로 삼아야 한다.

제4조 을숙도 철새공화국의 영토는 천연기념물로 지정된 것을 확인하고, 이에 철새와 이곳에 사는 모든 생명은 인간과 더불어 살 권리가 있음을 밝힌다.

제5조 인간이나 철새나 모든 생물은 생명으로서의 존엄과 가치를 가지며, 철새공화국에서 평화롭게 살 권리를 가진다.

제6조 철새공화국은 공화국 내의 생태계 조화를 유지하고 어떠

한 환경파괴도 거부한다.

제7조 철새공화국은 낙동강 하구의 자연을 보전하고, 철새들의 생존권을 보호한다.

제8조 을숙도 철새공화국의 모든 생명은 누구든지 자연 앞에 평등하다.

제9조 모든 생명은 자신이 살고 싶은 생태계에서 살 자유를 가진다.

제10조 모든 생명은 자신의 터전을 침해받지 않을 권리와 의무를 가진다.

〈인간의 의무와 권리〉

제11조 인간은 철새공화국 헌법을 준수함으로써 그 지위가 보장된다.

제12조 모든 인간은 다른 생명체들도 행복을 추구할 권리가 있음을 명심해야 한다.

제13조 자연생태계의 가치를 존중하는 모든 인간은 철새공화국의 주민이 될 수 있는 자격이 있으며, 언제나 이곳을 방문할 수 있다.

제14조 철새공화국을 찾은 인간은 모든 생명과 친구가 될 권리를 가진다.

제15조 인간의 미래세대는 철새공화국의 가장 중요한 국민으로서 언제나 이곳을 교육의 장으로 이용할 권리가 있다.

제16조 인간의 미래세대는 자연과의 만남을 존중하고 자연과

함께 살아가는 생활양식을 배울 권리가 있다.

제17조 문화재청과 문화재위원, 환경부는 이 지역을 보전할 의
무를 가진다.

제18조 부산시는 주어진 임무를 성실히 준수하고, 보전을 위한
책임을 다해야 한다.

　1. 철새공화국의 주거권에 심각한 위해가 되는 고층건
물이 들어서는 것을 금한다.

　2. 철새공화국의 중심을 가로지르는 다리 건설을 금한다.

　3. 철새공화국을 완전히 파괴하는 어떠한 매립도 금한다.

　4. 지나친 불법어로를 금한다.

　5. 고층건물이나 불빛으로 인해 철새공화국의 주거권을
방해하지 않는다.

제19조 인간은 철새공화국을 방문할 때 아래의 사항을 준수하
여야 한다.

　1. 붉은색, 파랑색, 노란색과 같은 원색의 옷을 피한다.

　2. 큰소리로 떠들거나 위협적인 행동을 삼가야 한다.

　3. 쓰레기는 만들지도 남기지도 않는다.

비상사태 선포

철새공화국 선포 후에도 달라진 것은 별로 없었다. 명지대교 건
설을 위한 문화재 현상변경은 허가되었고, 을숙도 주변으로 바지
선과 불도저들이 속속 밀려들었다. 당국의 명지대교 프로그램은
곧간 수정 없이 착착 진행되었다. 환경단체들은 을숙도 하단부에

솟대를 세우고 격문을 적었다. "여기는 새들의 깨끗하고 신성한 생명의 나라입니다. 더 이상 인간들의 이기로 평화를 깨지 맙시다!" 무언의 외침은 멀리 퍼지지 않았다.

전국적 반대 연대모임인 '낙동강 하구 을숙도 명지대교 공동대책회의'는 급기야 2002년 10월 20일 철새공화국 비상사태를 선포했다.

인류의 마지막 희망이자 생명과 평화의 상징으로 남기 위해 을숙도 철새공화국을 선포한 지 일 년도 되지 않았다. 그러나 인간의 왜곡된 가치관과 파괴적인 개발로 철새공화국은 숨통이 졸리는 절체절명의 위기에 처했다. 명지대교와 명지주거단지 고층화는 인간의 탐욕과 미래를 보지 못하는 단시안의 상징이다. 이로 인해 더 이상 갈 곳도 발붙일 곳도 없는 철새공화국의 숱한 생명들은 생존의 갈림길에 섰으니, 우리는 낙동강 하구의 운명을 결정하는 마지막 시기로 인식하고 이 지역을 지키는 일에 최선을 다하겠다는 다짐을 모아 을숙도 철새공화국에 비상사태를 선포한다.

공동대책회의는 비상사태를 선포하면서 ▪낙동강 하류 철새도래지를 죽이는 명지대교 우회안과 명지주거단지 고층화계획을 철회할 것 ▪안상영 부산시장(2004년 작고)은 시민들을 기만한 책임을 지고 사퇴할 것 ▪문화재 보호를 포기한 문화재청은 국민 앞에 사과하고 문화재 심의기구는 해체할 것 등 4개 항을 촉구했다.

공동대책회의가 당국과 시민사회를 향해 '비상!'을 소리 높여 외

하늘에서 바라본 을숙도 전경. 을숙도대교가 놓이기 전의 모습이다.

치면서 정책 수정과 시민들의 동참을 촉구했으나 반향은 미미했다. 예상한 바였다.

공화국 수비대 결성

상황은 조금도 호전되지 않았다. 명지대교 건설은 기정사실로 굳어졌고, 환경단체들의 저항 연대도 느슨해졌다. '철새공화국' 내부에서 뭔가 새로운 결의가 있어야 한다는 목소리가 높아지면서 수비대 결성 움직임이 가시화됐다. 2004년 2월 1일 세계 습지의 날을 맞아 환경단체들은 '을숙도 철새공화국 수비대' 결성을 선언했다.

결성선언문

낙동강 하구가 지금의 모습으로나마 유지되었으면 하는 바람을 담아 2001년 겨울 뜻 있는 이들이 모여 을숙도 철새공화국을 선언하고 철새공화국 헌법을 선포하였다. 그리고 지난겨울, 우리의 바람과는 달리 낙동강 하구 개발사업을 전담하는 낙동강환경조성사업단이 만들어지고 명지대교 건설 사업과 낙동강 둔치 정비계획 등 낙동강 하구 철새도래지의 마지막 숨통을 끊는 대형 개발계획들이 본격 추진되면서 이에 위기를 느낀 우리는 을숙도 철새공화국 비상사태를 선포하였다.

그리고 다시 1년이 지났다. 을숙도 철새공화국의 상황은 더욱 암울하게 변해 허울 좋은 보호법은 이제 껍데기만 남았고 정부는 스스로 낙동강 하구 보호를 포기하는 상황에 이르렀다……

이에 우리는 다시 을숙도 철새공화국을 즐겁게 노래하지 못하고 비통한 심정으로 여기에 모여 이 땅을 지키고자 하는 작은 희망을 담아 을숙도 철새공화국 수비대 발대식을 갖는다……. (2001년 2월 1일)

'철새공화국 수비대'는 을숙도를 끝까지 사수하겠다는 의지의 표현이며, 비록 철새의 땅인 을숙도를 개발군에 내어주더라도 빼앗긴 과정을 낱낱이 기록으로 남겨놓겠다는 결의가 충만했다. 수비대의 주력은 명지대교 건설 반대를 위해 조직된 '낙동강 하구 살리기 시민연대.' 습지 전문 환경단체인 '습지와 새들의 친구'가 산파역할을 했다. 이들은 시민의 힘과 맑은 미래세대의 사랑이 을숙도 철새공화국의 희망이 될 수 있다며 낙동강 하구를 지키는 가능한 모든 실천적 노력을 다할 것을 결의했다.

수비대 출범식은 을숙도 하단부에서 조촐하게 진행됐다. 교사, 학생, 종교인, 환경운동가, 자영업자, 언론인 등 70여 명이 참여했다. 수비대는 낙동강 하구의 생태 및 환경조사를 하는 '고니 수비대', 낙동강 하구 관련 언론과 행정 모니터링을 담당하는 '저어새 수비대', 이메일 캠페인을 맡는 '갯벌 수비대', 그리고 회원모집 등을 전담하는 '기러기 수비대' 등으로 구성됐다.

출범식에서 수비대는 "낙동강 하구 일원에 추진되는 명지대교 건설계획과 낙동강 고수부지 정비계획을 포함한 13개 대형 개발계획을 즉각 철회할 것"을 정부와 부산시에 촉구했다. 자리를 함께한 내원사의 지율 스님은 "무분별한 개발로부터의 독립을 바라는 마음으로 천성산에서 을숙도까지 생명의 순례를 갖자"고 제안하

낙동강 하구의 평화로운 풍경. 이 평화를 깨려는 움직임이 끊이지 않고 있다.

기도 했다.

출범식이 열리던 아침, 을숙도는 부산했다.

"고옹고옹~" "꽥꽥~" 을숙도 남단 갯벌에서 고니떼들이 놀고 있다. 일부 무리는 비행 연습에 열심이다. 날개를 퍼덕거리는가 하면 발로 차듯이 타타타 달음박질치듯 지면을 박차고 달린다. 활주로를 달려 이륙하는 비행기 같다. '물속의 매'라는 가마우지떼가 저공비행해 수면 위에 내려앉는다. 철새공화국 수비대의 출범에 맞춰 축하비행을 하는 것 같다. 을숙도 쓰레기 매립장 내 전봇대 위에는 황조롱이가 흐뭇한 표정으로 출범식을 지켜본다. 순간 을숙도 상공으로 굉음을 흩뿌리며 비행기가 저공비행으로 날았다. 훼방꾼에도 아랑곳하지 않고 출범식은 예정대로 이어졌다.

이들 수비대는 총 대신 열정의 맨주먹을 들고 일어선 일종의 의병이다. 국가가 지켜주지 않는 철새의 땅을 지키기 위해 분연히 떨쳐 일어난 의병 말이다.

다시 한 번 불러본다. 을숙도 철새공화국. 지구상 어디에도 없었던 이 공화국에는 새들과 오늘 우리의 모습, 우리 후세의 미래가 녹아 있다. 을숙도의 품 안에서 자연생명과 벗하며 평화롭게 미소 짓는 아이들을 상상하면, 철새공화국이 얼마나 가치 있는 개념인지 알게 된다.

을숙도 지킴이들

김상화 낙동강공동체 대표

(사)낙동강공동체 김상화 대표는 을숙도의 뭇 생명체들이 사라진 데 대해 포한이 진 사람이다. 을숙도를 이야기할 때 그의 발음은 '을·숙·도·'식으로 뚝뚝 끊어진다. 마치 단말마의 신음이 뱉어지는 것 같다. 을숙도가 훼손된 데 대한 분노와 그곳을 지켜내지 못한 아쉬움이 교차되어 그의 낯빛은 창백해진다. 새끼를 잃은 맹수가 이럴까 싶다. 을숙도에 대한 그의 포한은 모르긴 해도, 가인(歌人) 기질 즉 노래하는 삶과 무관하지 않은 것 같다. 젊은 시절 그는 시를 쓰고 작곡을 하며 을숙도의 갈대밭과 새들을 노래했다. 울렁거리는 청춘, 황홀한 시절이었다.

황홀한 노을 속에 긴긴 날개 펴는 님
오늘은 어디로 춤을 추러 가려나

두둥실 날으는 그 모습은 천사

통통배 사공아 노래를 불러라

(후렴) 랄라라 랄라랄라 라라랄라 음-

—김상화 작사·작곡 〈낙동강에 흐르는 노래〉(1978) 중

낙동강 하구의 절대 풍경 속에서 그는 우리네 어머니들과 누이를
생각하며 애절한 전통 가락을 끌어와 대금이 우는 듯한 노래를 만
들었다. 요즘도 술자리에서 가끔씩 부르는 〈누야꽃〉(1972년 작곡)이
그 노래다.

누야가 가꾸던 누야꽃이 어둔 밤 남몰래 피었네요.

누야의 하이얀 웃음꽃이 하얗게 피었네요.

황톳길 까마득히 멀어멀어 누야의 방울방울

시집살이 눈물이 하얗게 피었네요…….

낙동강 하굿둑 건설이 시작되던 1983년, 그는 '갈잎꽃 향기 남겨
놓고 떠나가는 뒤안길에 물결 소리만~' 하는 애절한 가사의 〈을숙
도〉란 노래를 남기고는 기타를 부숴버렸다. 다시는 낙동강을 노래
하지 않겠다는 뜻이었다.

낙동강의 가인이 투사가 되는 과정은 토건세력이 개발이란 미명
으로 을숙도를 야금야금 잠식하던 시기와 일치한다. 그후 그는 강
의 입장에서 강의 아픔을 어루만지며 강과 더불어 살아왔다. 낙동
강의 발원지인 태백산을 수십 번 오르내리면서 낙동강 생명 복원

을 기원했고, 1,300여 차례 낙동강을 답사하며 낙동강 유역의 공존과 평화를 역설했다. 그가 곧 강이었고, 강이 곧 그였다. 근현대사를 통틀어 그처럼 깊이, 오래도록 강에 흠뻑 빠져들어 살았던 이를 찾기 어렵다.

그의 주된 화두는 공동체였다. 강의 긴 흐름처럼 상류·중류·하류 주민들이 공동체가 되지 않으면 강이 살아나지 않는다고 믿은 것이다. 유역주민과 뭇생명체를 살리는 대안이었다. 그는 공동체의 달성을 위해 낙동강을 따라 버드나무를 심었다. 목표는 13만 그루. 낙동강 1,300리에 1,300만 명이 살고 있으니 13만 그루가 되어야 한다는 상징적 수치다. 키버들, 내버들, 수양버들 등 갖가지 버들은 강물을 정화하고 홍수를 막아주며 생물이 서식할 수변공간을 만든다. 버드나무 심기를 통해 그는 낙동강의 생명과 희망을 확인하곤 했다.

부분적으로 희망의 조짐이 보이기도 했다. 유역 공동체에 대한 개념이 생기면서 상·중·하류 주민들의 연대감이 발아했고 수질도 상당히 개선됐다. 물을 먹네, 못 먹네 해도 1,300만 명의 유역민이 여전히 낙동강의 젖줄에 기대어 살고 있다.

2008년 9월의 어느 날 저녁. 김 대표는 을숙도 문화회관에 앉아 꿈결처럼 흐르는 국악연주를 들으며 깊은 상념에 잠겨 있었다. 부산시립국악관현악단의 '환경생태음악회―상생(相生)'이란 주제의 무대였다. 자연과 사람의 공존과 상생의 의미를 아름다운 선율에 담아 공감을 이끌어낸 공연이었다. 공연 후 김 대표는 소감을 지역

을숙도 내의 고즈넉한 물길.

신문 문화면에 실었다. 요지는 이러하다.

……을숙도에는 깊고 높은 문화의 힘이 있다. 이 문화의 힘은 자연이
생성해내고 베풀어 놓은 것이다. '상생 음악회'는 온통 감동의 물결이
었다. 가야금을 위한 창작 관현악곡인 〈바람·강〉은 을숙도의 잃어버
린 자연을 되살려낸 수작이었다. 눈물이 났다. ……비록 지금은 인간
중심의 땅으로 변해 버렸지만, 지금부터 보다 먼 훗날까지는 인간과
자연이 공존하는 문화적 힘을 을숙도에 담아내야 한다.

을숙도에 대한 김 대표의 애증은 분명 남다르다. 지키려고 애쓴
새들의 낙원이 실낙원으로 바뀐 비애 때문만은 아니다. 무너지고

망가져도 끝내 포기할 수 없는 세상 희망의 끈이 거기 묶여 있음이다. "인간의 이기심으로 상처받은 강의 생명을 되살려야 한다"는 것이 그를 끌고 온 신념이었다.

1970년대 초 대학에서 작곡을 전공한 김 대표는 시도 때도 없이 을숙도를 드나들었다. 하단 나루터의 막걸리 집은 그의 아지트였다. 을숙도에 텐트를 치고 며칠씩 묵으면서 작곡을 하고 노래를 부를 때만 해도 야심찬 음악도였다. 76년 낙동강문화연구소를 발족해 낙동강 작곡발표회를 열었고, 낙동강이 중병을 앓는 신호를 보이자 포스터를 만들어 태백에서 을숙도까지 가두 선전전을 전개했다. 환경운동의 개념조차 없던 시절, 그는 '미친 놈' 소리를 들어가며 '낙동강 보호'를 부르짖었다. 5공 시절에는 하굿둑 건설 반대 시위로 고초를 겪기도 했다.

이후 그는 수백 회의 기획 캠페인, 낙동강 노래 모음 테이프 제작, 환경 사진전 등을 통해 낙동강 문제를 알리고 정부에 해결 방안을 제시하는 등 한순간도 쉬지 않고 강과 함께 흘러갔다. 강을 훼손하는 현장이면 어디든지 달려가 환경감시자 역할을 했고, 생태 파괴의 현장에서는 온몸을 던져 막으려고 애썼다.

780여 회의 지역사랑방 운동, 1999~2007년 사이에 행한 정초 태백산에서의 1만배 의식, 낙동강 버들심기 릴레이 행동 등은 기진맥진한 강에 소리 없는 힘이 되었다.《낙동강 생명찾기 백서》를 발간, 각급 학교와 기관에 배포하고《거꾸로 흐르는 강》《2박 3일간의 엇갈린 대화》같은 단행본으로 낙동강의 현실을 고발하고 대안을 제시하는 일도 그의 중요 관심사였다. 이 모든 일을 그는 컴퓨터 도움 없이 수작업으로 처리했다. 아날로그의 괴력이었다.

그 덕에 그는 대통령 표창, 환경부장관 표창, 늘솔상, UNEP풀뿌리환경상을 받았고, 2008년에는 제11회 KNN 문화대상(사회봉사 부문)과 SBS 물환경대상(시민사회부문-반딧불이 상)을 수상했다. 여러 수상에도 그의 삶은 쉽게 펴이지 않았다. 전업 환경운동가의 길을 걷다보니 숙명처럼 가난이 따라다녔다. 환경운동과 생업은 함께 또 같이 취할 수 있는 노선이 아니었다.

김 대표는 이명박 정부 출범과 함께 '운하백지화국민행동' 공동대표라는 직함을 안았다. 산전수전 다 겪고 이제 돌아와 쉬려는 그에게 다시 무거운 역사의 도전장이 던져졌다. 이명박 정부의 대운하 구상이 '4대강 살리기(?) 사업'으로 둔갑해 밀어붙이기로 나왔으니 어찌 피할 수가 있겠는가. 정부의 4대강 사업은 강바닥을 대량 준설해 곳곳에 보를 설치해 물그릇을 키우는 것이 핵심. 낙동강 하구에는 제2하굿둑까지 들어선다. 그러나 전문가들은 사회적 합의를 거치지 않은데다, 강의 수질오염 및 생태계를 파괴시킬 수 있다며 강한 우려를 표시한다.

김 대표는 '강이 말한다'라는 시리즈를 인터넷 신문 〈미디어스〉에 연재하는 등 4대강 사업의 문제점을 조목조목 논박하기도 했다. "자연의 정체성을 그대 인간의 잣대로 재단하려 들지 말고, 그대 인간의 탐욕적인 판단으로 바꾸려 하지 마시오!"

그의 서슬 푸른 일갈은 강의 자연성에 초점이 맞춰져 있다. 인간의 관점이 아니라, 자연의 입장을 먼저 헤아려야 한다는 것이다. '……논리가 현장의 사실들을 함부로 지배하려 하지 말라. 4대강 정비사업을 통해 강도 고치고 경제도 살리겠다'는 말은 허사에 불과하다. 절대로 두 가지를 함께 이룰 수 없다. 강은 경제를 끌어안고 키울 수 있지만, 경제는 강을 안을 수 없다.'

을숙도에 제2하굿둑이 건설된다는 소식도 그의 가슴에 얹힌 납덩이다. 도무지 믿을 수가 없다. 하나의 하굿둑으로 모자라 강의 꽁무니를 모조리 털어 막겠다는 것은 강의 자연성을 영원히 포기하겠다는 말이 아닌가. 김 대표는 단호하게 말한다.

"을숙도 심장에 가득 묻힌 쓰레기를 걷어내지 않고는 우리의 환경 양심이 회복되지 않습니다. 자연이 언제까지 인간의 파괴 본능을 묵묵히 받아 줄까요?"

전시진 부산환경운동연합 대표

"을숙도와 일웅도 사이에 물길이 있었는데 물이 맑아 강바닥에 재첩이 그득했어요. 새벽이면 동네 골목마다 재첩국 파는 아주머니들의 목소리로 넘쳐났고요. 한밤중 새들이 갈대 뿌리 갉는 소리 때문에 잠을 깨 빗자루를 내던지는 일도 있었어요. 난 동네의 형들을 따라 철새들을 잡아먹기도 했고요."

새가 울고 물이 맑았던 섬(을숙도)에서 새를 쫓던 소년은 이제 오십 중반의 아저씨가 되었다. 사람들은 그를 을숙도 지킴이 '물떼새 아비'라고 부른다. 전시진 부산환경운동연합 공동대표를 두고 하는 말이다.

낙동강 하굿둑 인근 을숙도 만남의 광장 외곽도로변에 위치한 허름한 컨테이너 박스가 그의 사무실이다. '낙동강 하구 생태안내소'라는 간판을 달고 있지만, 전 씨는 생태가이드 이상의 활동을 하고 있다.

1990년대 말부터 '낙동강 하구를 생각하는 모임'을 꾸려온 그는 2000년 초부터 고니 먹이주기에 나섰고, 근래에는 오갈 데 없는 물떼새 알을 수거해 부화시켜 자연으로 복귀시키는 '특임'을 수행하고 있다. 그러다 2009년부터는 부산환경운동연합 공동대표라는 감투까지 썼다. 하지만 그는 '감투'라는 말을 거추장스러워하면서 '대표'나 '회원'이나 일을 중심에 놓고 보면 다를 것이 없다고 말한다.

그의 일과는 을숙도에서 시작해 을숙도에서 끝난다. 일과표를 들여다보면 철새 먹이주기, 철새 모니터링, 낙동강 하구 감시활동, 부화장 보살피기, 생태환경교실 운영 등의 일들로 빼곡하다. 누가 특별히 도와주는 것도 아니다. 그동안 사재를 털어 철새 보호·감시활동을 해왔다고 한다. 환경부의 생태가이드 제도 덕에 약간의 활동비가 생긴 것은 최근의 일이다.

전 대표는 철새들, 특히 고니들에게 고구마 먹이를 주는 것으로 유명하다. 이 분야의 경험과 지식은 실로 특허감이다. 그가 고니 등 겨울철새들에게 고구마를 주기 시작한 것은 2003년부터다.

"고니들의 행동이 이상했어요. 몸집이 커서 좀처럼 움직이지 않던 녀석들이 갯벌을 이리저리 파헤치고 다니고, 녀석들이 지나간 자리마다 구멍들이 숭숭 뚫려 있지 뭡니까. 정상이 아니다 직감했어요."

낙동강 하구를 생계 터전으로 하는 어민들의 진단도 비슷했다.

고니들의 이상 행동은 먹이 부족에 따른 것이었다. 고니는 세섬매자기라는 식물의 뿌리를 주로 먹는데, 갯벌 매립과 개발사업 등으로 세섬매자기 군락지가 줄어들었다.

이대로 가면 낙동강 하구에서 고니를 보지 못하는 상황이 올 수 있겠다고 생각한 전 대표는 고니들에게 먹이를 주는 방안을 고민했다. 처음엔 을숙도 인근 청과시장에 널려 있는 채소 푸성귀들을 모아다 주었다. 하지만 먹는 녀석은 한정되어 있었고, 정작 고니들은 쳐다보지도 않았다. 실험이 시작됐다. 고구마, 감자, 무, 마, 연근, 밀, 쌀 등을 갯벌 위에 쭉 널어놓고 고니의 행동을 관찰했다. 거들떠보지도 않던 고니들이 하나 둘 고구마 쪽으로 몰려들었다. 고구마가 순식간에 바닥났다. 그에 반해 쌀이나 밀 등은 개밥의 도토리 신세였다.

"옳거니 이거야." 이때부터 전 대표는 겨울철이면 어김없이 고니 등 철새들에게 매일 약 200㎏의 고구마를 먹잇감으로 주고 있다. 고니들의 생태를 관찰하고 챙겨 먹이면서 나름의 원칙도 만들었다. 먹이를 아무 때나 주지 않는다는 것이다. 세섬매자기가 떨어지는 시기, 고니들이 먹이가 부족해 갯벌에 구멍을 내기 시작하는 시기에 고구마를 내놓고, 2월 말 고니들이 돌아갈 시점에는 고구마를 내놓지 않는다. 고구마는 곱게 채를 썰어 고니들이 먹기 좋게 만들고, 되도록 을숙도 남단 갯벌 안으로 깊숙이 들어가 물웅덩이 근처에 넓게 뿌린다. 먹이를 물에 씻어 먹는 고니의 습성을 고려한 것이다.

고구마 주는 일은 간단치 않다. 겨울철 을숙도 남단은 바닷바람이 정면으로 와 닿는 곳이어서 춥기 이를 데 없다. 물이 빠진 갯벌 위에 20kg가량의 고구마를 고무대야에 싣고 끌고 가려면 전력을 쏟아야 한다.

꾀를 부려 조금이라도 쉴라치면 두발과 대야는 그 무게에 못 이겨 갯벌로 자꾸 들어간다. 빠진 발을 빼려 애를 쓰면 다른 한 발이 빠진다. 얼굴이 파랗게 얼고 옷은 온통 개흙천지가 된다. 갯벌과 씨름하다시피 하며 준비해온 고구마를 다 뿌리고 갯벌 밖으로 빠져나와야 비로소 한숨을 돌릴 수 있다. 이 같은 일을 하루 몇 차례 반복해야 하니 중노동이 아닐 수 없다. 먹이를 뿌리고 나오면 고니들은 고맙다는 인사도 없이 슬금슬금 고구마 주변으로 모여들어 미친 듯이 먹이쟁탈전을 벌인다. 하긴 왜 고마워하지 않겠는가. 고구마를 먹어치운 고니들은 그 순간만은 포만감에 수다를 떨거나 집단 군무를 펼치기도 한다. 을숙도의 겨울은 이렇게 지나간다.

전 대표는 조류박사도, 조류 전공자도 아니다. 어릴 적 을숙도에 대한 꿈을 갈무리하던 전 대표는 새들의 낙원이 온갖 개발로 신음한다는 사실을 알게 되면서 새 지킴이가 되고자 했다. 새 관련 강좌가 있는 곳이면 어디든 달려갔고, 관련 서적을 사서 공부했다. 그리고는 을숙도에 아예 거처를 마련, 새들을 관찰하고 기록하며 감시하는 역할을 하게 된다. 낙동강 하구에서 희귀새를 발견하는 기쁨도 몇 차례 맛보았다.

요산 김정한 문학제가 열릴 때면 전 대표는 현장강사로 초청되어 '을숙도 특강'을 펼친다. 그는 오늘의 을숙도를 가장 사실적으로 설명할 줄 아는 한 사람이다. 을숙도를 찾는 문학인들에게 그는 '갈

새들의 쉼터인 을숙도 수로 옆에 명지대교가 지나간다.

대 명상'을 권한다.

"갈대는 인과 질소를 흡수하여 물을 정화합니다. 저 촘촘한 뿌리들이 흙을 모으지요. 그렇게 흙이 쌓여 만들어진 섬이 을숙도예요. 갈대가 연주하는 바람 소리를 들어보세요."

그의 식견은 현장경험에서 비롯된 것이다. 책상머리나 책에서 나온 이야기가 아니기에 그의 을숙도 일웅도 이야기는 감각적이면서 힘이 있다.

"10년 전 을숙도에는 약 113만 마리 200종의 철새들이 왔어요. 그러나 지금은 그 10%밖에 오지 않습니다. 그 많은 새들은 다 어디로 갔을까요? 새들의 평균 수명은 20년이 넘는다는데 불과 몇 년 사이에 이렇게 많은 새들이 자취를 감춘 겁니다. 낙동강 하구를 지키지 못한다면 많은 새들이 멸종을 맞을지도 모릅니다."

새들이 줄어들어도, 아니 줄어들었기에 더욱 을숙도는 지켜져야 한다고 그는 말한다. 을숙도는 새들의 터전일 뿐만 아니라, 인간의 행복을 안겨다주는 터전이기에.

몇 년 전부터 전 대표는 어미 잃은 새알을 수거해 부화시키고 길러 자연으로 되돌려 보내는 일까지 하고 있다. 2007년 초여름 '물떼새 알 귀환 작전'을 떠올리면 지금도 가슴 한구석이 뭉클하고 저릿하다.

전 대표가 물떼새 알을 구조한 것은 그해 5월 18일. 낙동강 염막둔치의 준설 모래 적치장에 굴착기와 덤프트럭이 굉음을 내며 다가오자, 놀란 어미새들은 곧 부화될 알을 두고 안절부절못하고 다급한 울음소리를 내며 주위를 맴돌고 있었다. 모래에 산란하는 물떼새들은 모래 반출작업이 시작되면서 터전을 송두리째 잃을 처지였다.

이 사실을 접한 전 대표는 한국수자원공사 측과 협의해 긴급 수거작전을 벌여 15개의 둥지에서 물떼새 알 23개, 쇠제비갈매기 알 14개를 대피시키는 데 성공했다. 쇠제비갈매기 알은 하구 모래섬의 쇠제비갈매기 둥지에, 물떼새 알은 수자원공사가 지원한 인공부화기에 넣어졌다.

흰물떼새 한 마리는 4일 만에 알을 깨고 나왔다. 초롱한 눈망울에 가늘고 긴 다리, 뾰족한 부리, 그리고 배가 희고 등이 거무스름한 앙증맞은 모습이었다. 앞서거니 뒤서거니 꼬마 물떼새들이 연이어 부화해 23개 알 전부가 새 생명으로 거듭났다. 전 대표는 2009년에도 61마리의 물떼새 알을 부화시켜 자연으로 돌려보냈다.

"자연 상태의 부화율이 약 48%라고 하고 여기서도 살아남는 것은 약 10%라고 합니다. 그런데 제가 수거해 기른 것들은 생존율이 거의 100%예요."

주목되는 것은 이러한 개체수가 자꾸 늘어난다는 점이다. 전 대표는 알에서 깨어나 자연으로 돌아간 녀석들이 다시 제자리로 돌아오기 때문이라고 해석한다.

"물떼새 등은 여름철새로서 동남아나 호주, 뉴질랜드까지 갔다가 와요. 그런데 을숙도 일원으로 다시 오면 제자리를 찾는단 말씀입니다. 인공부화가 되어도 자기가 태어난 고향을 잊지 않는 새들의 생태가 신비할 따름입니다."

전 대표는 물새떼 알이 일단 수거되면 지극정성으로 보살피고 키운다. 습도는 65~70%로 유지하고 새우, 멸치, 계란노른자 등을 갈아 만든 이유식을 공급한다. 이렇게 무럭무럭 자란 새들은 보통 한 달 만에 자연으로 되돌아간다.

을숙도는 이미 옛 을숙도가 아니고, 그곳에서 자라난 유년의 추억도 깨지고 말았다. 그렇지만 전 대표는 을숙도를 떠나지 못한다. 문명에 포위되어 신음을 더하는 새들의 터전을 한 치라도 지키기 위해서는 누구라도 지킴이로 남아 있어야 하기 때문이다.

"새들과 생활하다보면 마음은 늘 부자인데, 주변에선 노후를 걱정하기도 합니다. 그 전에 젊은 지킴이들이 나타나야겠죠. 그때까지라도 제가 지키고 있어야죠."

박중록 습지와 새들의 친구 대표

그의 몸에선 항상 갯벌의 바람냄새가 난다. 옷차림은 항시 우중충한 야전복이다. 자전거 끌고 운동화 신고 배낭 하나 둘러매면 그의 행장은 제대로 갖춰진 거다. 어디로 가나. 물어볼 것도 없다. 을숙도다. 평일은 학교 일에 매달려야 하지만, 주말이나 휴일엔 어김없이 낙동강 하구로 간다. 조류조사와 보호활동이 교사인 그의 과외 업무다. 10여 년째 이어지고 있는 자원봉사다.

새들이 좋아 진짜 친구가 된 사나이. 박중록 '습지와 새들의 친구' 대표. 가장 을숙도를 닮은, 가장 을숙도다운 사람을 뽑는 인기투표를 한다면, 아마 필시 그가 최상위에 뽑힐 것이다. 그만큼 그는 을숙도를 깊이 사랑하고 아끼며 온몸을 던져 지키는 사람이다. 천연기념물 제179호인 낙동강 하구, 그 핵심인 을숙도에 인간기념물을 지정한다면 이 역시도 박중록 대표가 선정될 가능성이 높다. 이처럼 그는 을숙도의 분신 같은 이다. 한 해에 200번 이상, 지금껏 수천 번 이상 을숙도를 찾고 있는 철새 지킴이.

을숙도를 가로지르는 명지대교는, 그의 가슴을 짓누르는 납덩이다. 아프고 또한 아리다. 을숙도가 유린될 처지에 놓이자, '습지와 새들의 친구'를 만들고 '하구 지킴이 연대'를 결성해 저항했건만 만사휴의(萬事休矣), 다리는 위풍도 당당하게 들어서고 말았다. 을숙도에 갈 때마다 그의 눈이 그렁그렁해진다. 그러나 어쩔 것인가. 을숙도는 빼앗긴 채로 남아야 하고 그렇게 또 살아가야 하거늘……

을숙도 보호운동의 중심에 서 있는 그로부터 을숙도의 오늘과 내일을 들어본다.

우리에게 을숙도는 어떤 의미입니까?

"을숙도는 새들의 평화를 따라 배우는 공간입니다. 인간이 배울 게 너무 많습니다. 하구와 을숙도는 새들이 저희들끼리 사랑하고 다투고 졸고 쉬는 평화의 땅으로 남겨져 있어야 합니다."

낙동강 하구가 끊임없이 개발세력에 의해 잠식되고 있습니다. 야금야금 각개격파 당하다 엄청난 다리(명지대교)까지 허용하고 말았군요.

"하구는 물길도 중요하지만, 더 중요한 건 하늘길입니다. 낙동강 하구가 새들의 쉼터로서 기능할 수 있었던 중요 요인 중 하나는 김해평야지요. 저 건너편에 아주 멀리 산이 보이지요? 산이 있는 데까지 쭉 보시면 높은 언덕 하나 없지 않습니까. 저 위쪽 땅에서부터 강물이 흘러오며, 몇천 몇만 년 동안 모래가 평평하게 쌓여서 이렇게 된 것입니다. 강 주위 논밭도 여길 찾아오는 새들한테는 소중한 밥터(먹이터) 구실을 하여 전체적으로 철새도래지가 되는 겁니다. 낮에는 갯벌 습지에서 쉬다가 밤 되면 위쪽 논밭으로 가서 주워 먹고 돌아오고 하며 살아가지요. 이게 자연의 질서인데, 우리 인간은 멀리 떨어져 있다고 김해평야를 철새하고 무관하게 생각합니다. 겨울에 보면, 지금 저기 새가 날아가고 있는 저 높이로, 계속 남북으로 많은 새들이 통행하는 곳인데, 어마무시한 다리가 서고 말았으니, 쯧쯧."

대법원에서 명지대교 소송에 대한 재항고를 기각하는 판결을 내렸습니다. 결국 명지대교 건설에 손을 들어준 형국입니다.

"그렇습니다. 다리가 한국 최고의 습지를 관통하며 파괴하는 것은 차치하더라도, 그 효과가 의문시된 것은 사실인데……. 재판 과정에서 그 점이 수차례 이야기됐고 재판부도 인정했는데 결국은 우리가 패소했어요. 내막을 조금만 알고 보면 이 나라에 희망이 있는지, 법은 있는지, 양심이 살아 있는지 생각하지 않을 수가 없습니다. 다리가 세워지면 생태가 무너진다는 상식이 통하지 않으니까."

재판 과정에서 어떤 걸 확인했던가요?

"수많은 사람들과 기관들의 모습을 봤습니다. 우리 사회를 지탱하는 많은 것들이 약해지는 것들을 차례로 볼 수도 있었고요. 을숙도는 다섯 개의 법으로 이중 삼중 묶여 훼손이나 파괴를 못하도록 돼 있는데, 명지대교는 지나갔어요. 문화재보호법, 습지보호법, 연안오염특별관리구역법, 자연생태보호법 등이 다 뭔지. 이렇게 강력한 법도 개발의 압력과 이해 앞에서는 힘을 잃고 마는 게 현실입니다. 개발로 기존의 법이 무력화되고 새로운 법을 만들어 면죄부를 제공하는 일이 계속되고 있는 것입니다."

우리 사회엔 전문가들이 많은데, 왜 논리적인 저항을 못했죠?

"전문가들이 결국 눈앞의 이익을 좇았다고 봐야지요. 조류와 관련한 가장 많은 연구가 이 낙동강 하구에서 이뤄지고 있는데도 어느 전문가도 용기 있게 자문을 해주는 경우가 없었으니까. 변호사 한 사람 구할 수 없어 우리가 직접 변론에 나서야 했습니다."

시민단체들의 연대는 잘 안 됐습니까?
"시민단체도 전문가 그룹이나 마찬가지였어요. 명지대교는 부산만의 일이 아니고 모든 지역이 똑같이 당할 수 있는 사안인데도 힘이 모아지지 않았습니다. 시민단체들의 한계도 느낄 수 있었습니다."

다리가 놓이고 말았는데, 앞으로 어떻게 해야 합니까?
"할 수 있는 걸 다 해봤는데 결과는 다리 건설입니다. 다른 방법을 모색해야 하는 게 아닌가 하는 이야기도 들리긴 합니다. 일단은 모니터링이라도 확실하게 해보려고 합니다. 기록만큼 정직한 운동은 없겠지요. 어쨌든 비전을 생각하기엔 현실이 너무 절박합니다. 4대강 사업이 더 걱정입니다. 하구엔 제2하굿둑이 들어선다고 하지 않습니까. 이대로 가면 과연 낙동강 하구가 보존될지조차 의문입니다."

왜, 무엇 때문에 을숙도에 미쳐 삽니까?
"그건 아마 먼저 알게 된 사람으로서의 책임감 때문일 겁니다. 처음에는 '환경과 생명을 지키는 전국교사모임'(환생교) 활동을 하면서 낙동강 하구와 습지를 알게 됐습니다. 3박 4일간의 일정으로 한국의 습지투어를 했는데, 대자연의 광활하고 웅장한 모습

을숙도에서 바라본 노을 풍경.

에 흠뻑 빠졌습니다. 그 모습에 반해 강화도의 한 작은 초등학교
에서 펼쳐진 갯벌지도자양성학교에 참여했지요. 강화도 남쪽 갯
벌을 보면서 자연이 얼마나 위대한지, 얼마나 평화로운지, 우리
가 어떻게 살아가야 하는지를 깨달았지요.

그러면서 내가 살고 있는 부산을 생각했죠. 낙동강 하구 갯벌과
거기에 살고 있는 수많은 생명들은 잠시도 평화로울 때가 없었잖
아요. 고동소리를 흩날리며 큼지막한 배가 지나다니고 갯벌 곳
곳에 말뚝이 박히고, 다리까지 들어서니……. 평화로운 강화도
의 갯벌을 보고 있자니 낙동강 하구의 모습이 오버랩되어 마음이
먹먹해졌습니다."

명지대교 건설 전말과 법적 공방을 간단히 정리해주시죠.

"1993년에 처음 건설계획이 잡혔죠. 2001년부터 그 개발계획이 본격적으로 추진됐고요. 반대운동도 이때부터 시작됐습니다. 2005년 6월 '환경의 날'이 얼마 지나지 않아 환경청은 건설계획을 승인했고요. 그냥 지켜볼 수 없어 2005년 '습지와 새들의 친구'를 비롯한 여러 환경단체들과 함께 소송을 제기했고 지루한 법정싸움이 진행됐습니다. 그러나 결국 2006년 10월 23일 대법원에서 그쪽의 손을 들어 주었어요."

그래도 낙동강 하구는 지켜져야 하는 거죠?

"말할 필요가 없습니다. 낙동강 하구를 찾는 외국인들은 대도시 가까이에 이런 철새도래지가 있는 걸 보고 감탄해 마지않아요. 생태관광 등으로 얼마든지 고부가가치를 올릴 수 있을 것 같은데, 공무원들은 무슨 생각을 하는지 이해하기 어렵습니다."

외국의 생태관광은 어느 수준인가요?

"독일의 갯벌국립공원, 호주의 대보초 등은 전 세계에서 수백만 명의 관광객들이 몰려옵니다. 독일 갯벌 한 곳만 연간 1,000만 명이 넘게 찾아온다고 하지요. 관광수입이 얼마나 많겠습니까. 낙동강 하구만큼 지리적 환경이 좋은 곳도 없습니다. 교통 편리하죠, 가깝죠, 종 다양성 풍부하죠, 뭐가 모자랍니까. 이것을 보존하면서 개발하면 지금 하고 있는 개발계획보다 훨씬 더 경제적으로도 이익이라는 거죠. 안타까운 일입니다."

어떤 대책과 대안이 있을까요?

"을숙도 전체를 보존지구로 만들어야 합니다. 을숙도를 명실 공히 철새공화국으로 만드는 겁니다. 을숙도에서 일정 정도 떨어진 강서구, 사하구 등 시내지역과 연계해 종합적인 개발계획이나 생태관광 계획을 세우고 진행할 수 있습니다.

잘 알려진 대로, 을숙도는 오래전부터 '신이 내린 축복의 땅'이라고 했습니다. 낙동강 하구는 몰라도 을숙도는 사람들이 누구나 기억합니다. 그만큼 많은 추억이 깃든 곳이고, 그리움이 배어 있는 지역이니까요. 우리 모두의 얼굴과도 같은 곳이기에 지켜야 하는 당위성이 더욱 커집니다."

'신들의 정원'에 선 지율 스님

"이제 을숙도에 가고 싶지 않네요."

그의 목소리는 조용하고 단호했다. 바람만 불어도 흔들릴 것 같은 야윈 모습. 뚝뚝 끊어지는 단절음을 덧대듯 스님은 겨우 말을 이어갔다.

"다시는 세상에 나오기 싫었어요. 그런데 보는 게 있고 듣는 게 있는데요. 2008년 12월 29일인가요, 안동에서 4대강 사업의 첫 삽을 떴다는 소식을 듣고 안타깝고 답답한 마음을 가누지 못해 현장에 가봐야 했고, 새해를 안동~문경 거리에서 맞았어요. 그후 3월 초부터 본격적인 낙동강 물길 답사에 나섰지요. 낙동강의 종착지 을숙도가 너무 아프더군요. 맨몸으로 개발의 삽날을 감당하고 있었으니까요."

지율 스님. 천성산 지킴이. 천성산에 묻힐 뻔 했다가 겨우 몸을 추스른 그는 경북 영덕에서 은거해왔다. 2006년 경부고속철도 양산 천성산 구간 공사와 관련한 이른바 '도롱뇽 소송' 패소 이후 스님은 한동안 외부활동을 자제해왔다. 세상일에 관여하기가 싫었던 것이다.

그런 그가 다시 세상으로 걸어 나왔다. 2009년 6월 23일 저녁 지율 스님은 지역 환경단체들의 간담회에 초청받아 부산 연제구 거제동 '공간초록'에서 '지율, 물길을 걷다'라는 제목으로 그만의 낙동강 체험담을 털어놨다.

좀처럼 화를 내지 않는 스님이 이날은 화가 난 모습이었다. 낙동강 곳곳에서 벌어지는 '강 살리기 사업'이 거꾸로 간다고 보았기 때문이다. 무차별적인 개발 현장의 사진을 하나하나 보여준 스님은 "이걸 자연에 대한 폭력이라 말하지 않으면 뭐라 해야 하나요" 하고 물었다.

"아버지가 건설업을 했던 까닭에 그런 관점에서 한번 강을 바라보기도 했습니다. 그들은 강에서 땅을 봤을 것입니다. 한번 만지작거리고 나면 값이 몇 배로 뛸지 모를 넓고 값싼 공지와 둔치를 봤을 것입니다. 그들에겐 이런 땅을 놀려 두는 게 큰 손실일 수 있어요. 하지만 우리 모두가 함께 더불어 사는 땅이라고 생각한다면 그렇게 함부로 손댈 수는 없지요."

스님은 얼마 전 '천성산 개발 반대 단식투쟁으로 공사 지연 등 수조 원대의 손실을 입혔다'고 보도했던 중앙일간지를 상대로 한 언론중재 신청에서 정정보도를 받아냈다. 거의 2년 만에 조정합의문이 나온 직후 그는 "나는 이 소송과 반론을 통하여 우리 마음속에 악령이 자라는 곳을 보여주고 싶었다. 정작 수정되어야 할 수치는 손실액이 아니라 손실액에 빼앗긴 우리의 본마음"이라고 했다.

스님은 2009년 9월 초 한국 언론사상 유례없는 '나 홀로 10원 소송'을 벌여 승소했다. 그것도 조선일보라는 골리앗을 상대로. 조선일보는 2005년부터 2008년까지 11건의 칼럼, 기사 등을 통해서 천성산 공사 중단으로 2조 5,161억 원의 손실이 발생했다고 보도했으나, 지율 스님은 부당한 보도라며 정정보도와 손해배상을 청구했다. 그리고 법원은 이를 근거 없는 보도라며 지율 스님의 손을 들어줬다.

서울중앙지법 민사합의 25부는 "당시 터널 공사는 계획을 상회하는 공정률을 보였지만 이 신문은 공정률이 5%에 불과하다고 보도했으며, 공사 지연에 따른 직접 손해가 145억 원 수준인데도 '2조 5,000억 원대의 피해가 예상된다'고 보도했다"며 "이는 쉽게 확인할 수 있는 정보였다"고 원고 일부 승소 판결을 내렸다. 법원은 "조선일보는 신문 2면에 정정 보도문을 게재하고 지율 스님의 청구에 따라서 위자료를 10원으로 정한다"고 밝혔다.

이에 앞서 조선일보(2009년 6월 5일)와 중앙일보(6월 6일) 등은 지율 스님 관련 사설, 칼럼, 기사를 놓고 "천성산 터널 공사가 중단된 기간은 1년이 아니라 6개월이며, 공사가 중단된 6개월 동안 공사 관련 손실은 145억 원으로 밝혀졌다"고 정정보도를 낸 바 있다.

지율 스님의 승소는 각별한 의미를 갖는다. 조사에 참여했던 사람들이 '나도 이제 살아야겠다'고 돌아서고, '천성산에 도롱뇽이 살지 않는다'는 거짓말로 신의를 저버리는 상황에서도 스님은 진실을 밝히기 위한 행동의 끈을 놓지 않았다. 그 결과 조선일보가 터널 공사 중단에 따른 직접 피해액을 사실(145억 원)의 170배가 넘는 2조 5,161억 원에 달하는 것처럼 기사화한 내용을 바로잡은 것이다.

이보다 더 큰 의미는 '삽질경제'와 개발논리에 뒷걸음질치는 환경보호의 의미와 가치를 다시금 일깨우는 계기를 마련했다는 사실이다. 개발론자들은 2009년 4월 지율 스님이 터널공사를 반대하다가 업무방해로 유죄 판결을 받은 것을 침소봉대하여 '발전의 걸림돌' '법치의 이완' '민주주의 적폐' 운운하며 환경운동을 싸잡아 매도했다. 이번 판결은 이 같은 매도가 논리적 함정에 빠져 있었음을 보여준다. '10원 소송'이 몇 조의 값어치를 한 셈이다.

지율 스님은 오래전부터 "생명의 대안은 없다"고 말해왔다. 국가적 논란거리가 되고 있는 4대강 살리기에 대해 그는 "4대강 사업은 재앙을 야기할 것이며, 어떤 의미에선 대운하보다 더 나쁜 결과를 가져올지 모른다"고 우려했다. '공간초록 3주년 기념 문화제'(2009년 8월 29일)의 토론회 자리에서였다. '공간초록'은 도롱뇽 소송(고속철도 천성산 구간 공사착공금지 가처분신청)이 끝나갈 무렵인 2006년 8월 소송에 뜻을 같이 한 사람들이 힘을 모아 만든 자율 시민문화공간이다.

지율 스님은 아직 싸움은 끝난 게 아니라고 했다. '도롱뇽 소송 =2조 손실'이라고 했던 언론사를 상대로 소송을 진행했고, 박재완 청와대 국정기획수석비서관과 김종대 헌법재판소 재판관과도 관련 소송을 하고 있다.

"힘이 듭니다. 이 시점에서 그동안 누구와 싸웠는가 하는 생각이 들거든요. 지금 싸움의 대상은 누구인가, 4대강 문제도 어디로 옮겨 갈 것인가, 앞으로 무엇이 닥칠 것인지도 모르겠어요. 이전에는 저 자신도 돌보지 않고 저를 안다고 생각했어요. 그런데 최근에는 말도 잃고 생각도 잃는 것 같습니다. 싸우면서 내 안에 있는 모든 것을 잃어버린다는 생각이 들곤 해요."

스님은 대구 화원유원지 등 낙동강에서 골재를 채취하는 항공사진을 보여주었다. 강 둔치며 도로에 덤프트럭이 개미처럼 열을 지어 서 있는 사진이다. 아마 덤프트럭이 100대는 될 것 같았다고 했다.

"이 광경을 보면서 마음을 어디에 두어야 할지 몰랐습니다. 정부는 강의 폭을 넓힌다고 하나, 실제로는 지켜져야 할 둔치를 없애고 있습니다. 둔치가 생명밭인데도 말입니다."

저녁노을에 물든 을숙도. 생명의 땅 을숙도를 관통하는 명지대교 교각 상판 사이로 노을이 물들고 있는 사진이었다.

"지금까지 을숙도에 15번 정도 간 것 같습니다. 공교롭게도 거의 대부분 해 저물녘이었어요. 명지대교 건설을 그렇게 반대했는데도 교각이 세워졌고 상판이 연결되었어요. 지난봄 한 달가량 낙동강을 답사하면서 마지막으로 을숙도에 들렀어요. 명지대교만 우뚝하고 이전 을숙도의 모습은 사라졌더라고요. 다시는, 그런 을숙도는 보고 싶지 않더라구요."

스님은 물길 자체가 예술이라고 생각한다. 물길이 휘돌아 굽이치며 흐른다는 점에 착안한 스님은 최근 '낙동강 3.14' 운동을 펼치고 있다. 3.14는 원주율로서 물이 자연스럽게 흐를 때 그려내는 곡

선값이다. 지구의 자전과 인력이 만들어내는 원리다. '낙동강 3.14'는 난개발로 훼손 위기에 직면한 낙동강의 원형을 최대한 지키고 기록하자는 운동이다. 그래서 순례지도를 만들어 홈페이지에 올렸다. 슬로건이 '우리가 산이, 강이 되자'이다. 지금까지 나온 어떤 구호보다 강렬한 메시지를 품고 있다.

지난 2006년 '생명의 대안은 없다' 토론회에서 스님은 '자연의 법과 인간의 법'에 대해 말했다.

"새만금(갯벌 매립)·천성산(고속철도)·을숙도(명지대교)의 판결 결과는 이 시대를 역설적으로 증언하고 있습니다. 자연권 소송에서 법정에 선 것은 자연이 아니라 이 사회이며, 판결의 결과는 자연의 위기가 아니라 이 사회의 위기이고, 자연의 언어를 알아듣지 못하는 인간의 위기입니다."

지율 스님은 또 법철학을 거론했다.

"우리가 잘못 생각했던 것은 법이 약자의 이익을 보호하고 사회정의를 실현시키는 기준인 '숨겨진 현자의 돌'이라고 믿고 있었다는 것입니다. 카프카가 말한 상위계급의 비밀을 위하여 법이 존재한다고 하는 것은 법관들이 상위계급에 속해 있기 때문이지요. 상위의 법은 상위의 계급이 가지고 있으며, 부조리는 때때로 권력의 일부처럼 보이기도 합니다. 규제와 금령이 많아질수록 민초들은 더욱 가난하여지고 법령이 정비될수록 도적이 더 늘어난다는 옛말이 시세와 다르지 않음을 우리는 이 소송을 통해 보았습니다."

새만금·천성산·을숙도의 대법원 판결이 끝나기가 무섭게, 무심코 이 과정을 보고 있던 사람들이 목소리를 높였다. 환경운동의 총체적 실패라고. 실제 많은 사람들이 실의에 빠졌고 위기와 실패를 액면 그대로 받아들였다. 위기의 본질은 무엇이었을까.

"위기에 빠진 것은 우리들의 전의이고 이 사회입니다. 이 위기는 선택의 위기이며, 이 시대와 우리를 시험하는 위기입니다. 새만금과 천성산, 을숙도의 아픔을 다시 바라봅니다. 그 아픔이 가슴에 남아 있다면, 그것은 아직 기회가 우리에게 있다는 증거입니다."

그러면서 스님은 끝까지 한마디를 놓치지 않았다.

"생명의 대안은 없습니다. 그 자체가 질문이고 답이니까요."

공존을 묻다

"바람이 분다, 살아야겠다!" 프랑스 시인 폴 발레리의 시구는 을숙도에서 짓밟혀도 다시 일어서는 갯벌의 수초를 연상하게 한다. 새들의 먹잇감인 수초들은 바람보다 먼저 눕고, 바람보다 먼저 일어난다. 사람의 눈치는 보지 않는다. 세상의 가장 낮은 곳에 엎드린 갯벌이 이렇듯, 을숙도는 파헤쳐지고 잘려나가고 쓰러져도 결코 죽지 않는다. 죽기는커녕 시퍼렇게 되살아나 인간의 목측(目測)이 닿지 않는 목덜미와 등짝에 서늘한 바람 줄기로 돌아올 것이다. 죽는 것은 유한한 삶을 사는 인간일 뿐, 자연은 아니다. 어떻게 대자연이 죽는다고 할 것인가.

을숙도에는 사시사철 바람(風)이 분다. 갯내와 짠내, 강내, 매립장의 흙내, 들큼한 똥내가 묘하게 섞인 바람이다. 이 바람이 저 북방의 자작나무숲에서 깃을 치는 큰고니와 두루미를 부르고, 저 남방의 도요·물떼새들을 불러온다. 바람결에 가만히 귀를 대면 생명의 날갯짓이 강의 물결로 일렁거리고, 바다의 푸른 박동으로 퍼덕거림을 느낄 수 있다. 강과 바다는 그렇게 살아 있다.

강과 바다가 만나는 낙동강 하구. 을숙도는 그곳의 사타구니, 하늘이 내린 자연 양수(羊水)의 원력으로 태어난 모래톱이다. 예수가 베들레헴이라는 곳에서 하늘의 아들로 태어났듯이(서력기원), 을숙도는 100여 년 전 낙동강 하구에서 자연의 자식으로 세상에 나타났다. 예수가 인간의 십자가였다면, 을숙도는 자연의 십자가였다. 인간에게 가장 사랑받아온 땅이 가장 처절한 방법으로 버림받았다는 것은, 인간세의 역설이다. 을숙도의 바람결에는 포한(抱恨)의 우짖음이 배어 있다. 을숙도의 소리치지 못하는 고통과 치욕의 역사 때문이다.

을숙도는 새들의 에덴이었다. 1987년 하굿둑이 강의 하구를 막으면서 을숙도는 실낙원으로 변해갔다. 심장부에는 엄청난 양의 생활쓰레기가 묻혔고, 그 위에는 준설토 적치장이, 남단 귀퉁이에는 분뇨처리장이 들어앉았다. 그리고 난개발의 결정판인양 다리가 지나간다. 갈대 서걱이는 옛 정취는 사나운 살풍경으로 변했다.

그러나, 그럼에도 불구하고 새들은 잊지 않고 을숙도를 찾아온다. 인간이 더럽다고 생각하는 것들을 골고루 끌어안은 을숙도는 처절하게 짓밟히면서도 '자연친화'를 이야기한다.

부산시의 환경 비전은 '지구환경을 생각하는 생태도시'(2020비전과 전략)다. 정부는 한발 비켜서 있지만, 부산시의 을숙도 복원 노력은 실로 드라마틱하다. 인공생태계를 조성하고, 복원한 자리를 다시 복원하고, 철새공원이다, 생태공원이다, 세계적 생태관광지다 어쩐다 하며 이중 삼중 용역을 벌이고, 정부의 '4대강 사업' 계획이 나

을숙도의 손님인 도요새들이 떼지어 날고 있다.
사진 : 습지와 새들의 친구 제공.

오자 거기에 맞춰 그림을 수정한다.

생태공원의 밑그림

"카누를 타고 갈대가 우거진 늪지를 탐험하고, 물살을 가르는 유람선을 타고 좌우 수변공원을 감상하고⋯⋯." 2009년 7월 말 부산시 출자 연구기관인 부산발전연구원은 영국 아룬델 습지공원 등에서나 체험할 수 있는 이런 '그림'이 부산에서도 가능해진다는 내용을 담은 보고서를 냈다. '을숙도 생태공원 기본계획'이란 제목의 이 보고서에는 을숙도(308만 7,000㎡)의 전체 습지를 자연 상태로 복원, 거대한 생태공원으로 만든다는 구상이 담겼다. 2013년까지 965억 원의 예산이 들어간다. 정부의 4대강 사업을 염두에 둔 개발 구상이다. 그런데 생태공원이란 주제와 카누, 유람선은 어울리지 않는다. 게다가 논의 대상지는 문화재보호구역이다.

이어 부산시는 을숙도 상단부(현 시설지구)에 2015년까지 부산 비엔날레 전용관 건립 계획도 내놓았다. 부산 비엔날레 전용관은 연면적 2만㎡ 규모의 복합미술관이다. 을숙도 생태공원 조성 계획과 무관하지 않은 것 같다. 이 전용관이 들어서야 할 곳도 문화재보호구역이다. 해제 절차를 밟아야 한다.

이에 앞서 2008년 말 부산시는 '을숙도 생태공원 조성방향'이라는 보고서를 통해 을숙도를 세계적 생태관광지로 만드는 프로젝트를 제시했다. 하굿둑으로 단절돼 있는 을숙도 상단부(일웅도)와 하단부를 통합 개발한다는 기본 구상 아래, 상단부 87만㎡는 생태체험학습과 문화공간으로, 하단부 196만㎡는 자연보존형 공간으로 개발한다는 것이 골자다.

구체적으로 보면, 을숙도 상단부에 각종 물새류의 서식환경을 고려해 4~5개의 담수습지를 조성하고, 생태탐방로와 은폐관찰소 등을 설치해 습지생태계를 체험관광할 수 있게 만든다. 또 하굿둑으로 단절된 하단부로 야생동물 및 어류가 이동할 수 있도록 생태통로를 조성하고 방문객 센터, 휴게소 등 관광 인프라를 구축한다. 특히 멸종위기 2급종인 참개구리와 맹꽁이 서식처를 보존한다는 내용도 있다.

을숙도 하단부에는 소규모로 나뉘어져 있는 습지를 6~7개의 큰 습지로 재복원하고, 인공섬을 만들어 물새들의 서식·생육공간을 제공한다. 이를 기반으로 은폐관찰소와 생태탐방로 등을 조성해 관광객들이 가까운 거리에서 철새들을 탐조할 수 있도록 한다는 구상이다. 장기적으로는 낙동강 하구에 서식하는 해조류와 어류, 무척추동물 등의 생활사를 관찰·체험할 수 있는 제2에코센터 조성을 추진한다.

구상이 현실화될지는 미지수지만 밑그림은 화려하다. 이를 두고 개발과 보호의 균형점을 찾았다는 성급한 분석도 나온다. 시대 흐름을 좇아 생태공원을 콘셉트로 잡은 것까지는 좋았으나, 자연에 대한 인간의 간섭·개입이 지나치다는 느낌을 지울 수 없다. 상처받은 을숙도에 다시 상처를 내는 일은 자제하고 신중을 기해야 하기 때문이다. 부산시의 을숙도 개발 구상이 주변 개발을 염두에 둔 계획이 아닌지, 또 한번의 난개발 사례가 되지 않을까 하는 걱정을 잠재울 수 없다.

을숙도의 준설토 적치장 처리 문제도 암초다. 이것을 딴 데로 옮겨야 생태공원이든 철새공원이든 사업추진이 가능한데, 이를 관리하는 한국수자원공사는 '하굿둑 기능 유지와 홍수예방을 위해 영구적 준설토 적치장 부지가 필요하다'는 입장이다. 정부의 4대강 사업으로 준설토 처리장 수요가 급증하는 상황도 발목을 잡는 변수다. 한쪽에서는 막대한 예산을 들여 생태공원을 추진하고 또 한쪽에서는 준설토 적치장을 존치 또는 추가 조성하는 모순이 빚어지고 있다.

낙동강 하구는 1966년 문화재보호구역(천연기념물 179호, 철새도래지) 지정 당시 면적의 1/4이 이미 공단 건설, 주택단지 건설 등으로 사라졌다. 신평장림산단, 다대포 무지개공단, 신호산단, 녹산산단, 화전산단 등이 모두 문화재보호구역에 들어선 공단들이다. 이명박 정부 출범 후 부산시의 숙원이던 강서지역 그린벨트 33㎢가 해제되어 '국제산업물류도시'로 개발되고 있다. 문화재보호구역이 영향을 받지 않을 수 없다.

부산시는 변화한 현실을 고려해 낙동강 하구 문화재보호구역 50% 이상이 해제돼야 한다고 주장한다. 이미 변경안을 문화재청에 제출했다. 한쪽에선 생태공원을 이야기하고 한쪽에선 보호구역 해제를 추진하는 엇박자 행정이다. 낙동강 하구의 위기는 진행형이다.

시민판 마스터플랜

낙동강 하구에 대한 연구용역은 지금까지 주로 정부(환경부, 한국수자

^{원공사)}나 지방자치단체가 주체가 되어 진행했다. 부산시의 과업 지시에 따라 부산발전연구원이 수행한 연구용역만도 10여 건에 이른다. 이 중 상당수는 개발계획의 정당성을 찾는 용역이었고, 일부는 학계와 시민사회의 반발을 무마하는 차원에서 이뤄졌다.

그런데, 시민판 '낙동강 하구 연구용역 보고서'가 나왔다. 2009년 7월 말 동아대 환경문제연구소와 지역 시민단체 등으로 구성된 '낙동강 하구 연구팀'이 내놓은 〈낙동강 하구의 습지 보전과 현명한 이용을 위한 종합계획〉이다.

환경부·유엔개발계획(UNDP) 국가습지보전사업단의 예산 지원으로 진행된 이 연구용역은 이례적으로 민·관·학계가 장기간 머리를 맞대 내놓은 결과물이다. 특히 이번 연구에는 시민·환경단체들이 대거 참여해 '현명한 이용' 철학을 바탕으로 구체적인 대안을 도출했다는 데에도 의미가 있다.

연구팀은 낙동강의 비전을 ▪세계적인 생태관광지 조성 ▪국립공원 지정 ▪람사르 및 세계문화유산 등록 등 세 가지로 정리했다. 구체적이면서 원대한 비전이다.

가장 눈길을 모으는 부분은 3단계 17개의 '액션플랜'이다. 1단계 액션플랜은 ▪서낙동강 수변 에코벨트 확보 ▪맥도둔치 철새 먹이터 논 습지 확보 ▪삼락둔치 맹꽁이 서식지 복원 등 5개항이다. 2단계(2009~2015) 사업은 ▪낙동강 하구 100경 및 조망점 정비 ▪고니, 쇠제비갈매기 등 멸종위기 깃대종 보호 ▪하구습지 생태관광 루트 개발 ▪눌차도 매립 중지 및 연안습지 보전 ▪낙동강 하구 람사르 등록 등이다. 중장기적 관점의 3단계 사업(2011~2020)은 ▪낙동강 하굿둑 개방 및 기수역 확보 ▪자연사박물관 유치 ▪국립공원 지정 ▪세계자연유산 등록 등이다.

일부 현실감이 떨어지는 부분도 있으나, '보전과 현명한 이용'이란 두 마리 토끼를 잡는 틀은 구축했다는 평가를 얻고 있다. 낙동강 하구가 안고 있는 문제는 이처럼 시사적이고 복합중층적이다. 이 숙제들을 행정당국에서 얼마나 받아들여 정책에 반영할지는 누구도 알 수 없다.

4대강, 재앙의 먹구름

망가뜨리는 사람이 있으면 지키는 사람이 있는 법. 낙동강 하구는 개발과 보존이란 질기고 지루한 갈등과 논쟁 속에서도 최소한의 균형을 잡아갔기에 오늘날 이만큼의 자연생태 공간을 확보할 수 있었다. 시민·환경단체들의 집요한 관심과 감시가 있었기에 가능한 일이었다.

그런데 지금까지 누구도 상상하지 못했던 거대한 개발의 전차가 다시 밀어닥치고 있다. '4대강 살리기'로 포장된 낙동강 개발사업이다. '이름만 바꾼 운하'라는 비판이 쏟아지고 있는데도 정부는 '그건 모르쇠!' 하고 저돌적으로 밀어붙이고 있다.

4대강 사업은 22조 원(최대 30조 원까지 소요 추정)이 넘는 천문학적인 예산과 그 사업의 규모에서 지금까지의 모든 개발 사업을 능가한다. 국토의 근간을 바꾸는 상상을 초월하는 사업이다. 4대강 사업의 핵심은 낙동강, 한강, 금강, 영산강에 높이 4.0~13.2m에 달하는 20개의 보를 만들고 5.7억㎥의 모래를 강에서 파내고 377km의 제방을 보강하는 것이다.

낙동강은 4대강의 핵심 사업지다. 개발론자들과 건설업자들은 속으로 쾌재를 부르겠지만, 낙동강은 죽을 지경에 놓였다. 낙동강의 경우 부산 을숙도에서 안동에 이르는 모든 구간의 여울과 모래톱을 포함한 강바닥을 파내 수심 6m 이상을 유지하는 것으로 돼 있다. 낙동강 본류에만 소수력 발전이 가능한 대형 보(洑)가 8개, 소형 보 2개, 하구 배수문 1개(제2하굿둑)가 들어선다. 보의 높이는 최대 13.2m로 댐이나 다름없다. 정부는 이 사업을 통해 수자원 확보, 홍수예방, 수변도시 개발 등의 효과를 가져 올 것이라고 말하지만, 전문가들은 "이건 아니다"며 심각한 우려를 표시한다.

정부가 공개한 환경영향평가서는 허점투성이다. 초대형 국책 사업임에도 평가서 작성 기간이 겨우 30~40일 정도다. 4대강 사업의 속도전을 짐작케 한다. 낙동강 제2권역 환경영향평가서는 두께가 무려 1,400쪽에 이른다. 방대한 분량임에도 내용은 부실하다. 현장조사 결과를 보면 실소가 나온다. 철새와 어류, 포유류, 양서류 등에 대한 현장 조사기간이 각각 2~4일 정도다. 최소 1년간 4계절 조사를 한다는 환경영향평가의 기본 원칙이 적용되지 않았다. 낙동강에서 조사원들이 눈으로 직접 목격한 천연기념물이나 법적 보호종은 황조롱이 정도라고 밝히고 있는데 이것도 사실과 전혀 다르다.

4대강 사업은 홍수 피해와 가뭄을 근본적으로 해결할 것인가? 정부는 홍수 조절능력을 9.2억㎥ 증대함으로써 200년 빈도 홍수에도 안전한 강을 구현하겠다고 밝히고 있다. 홍수 조절의 가장 중요한 수단은 준설. 4대강의 강 바닥을 깊게 파서 총 5.7억㎥를 준설함으로써 홍수 때 수위를 낮추겠다는 것이다. 5.7억㎥는 폭 100m, 높이 5.7m로 1,000㎞를 쌓아야 하는 어마어마한 분량이다. 그러나 낙동강을 포함한 4대강 사업 구간인 4대강 본류는 이미 홍수에 대비한 제방 정비가 이뤄져 제방을 넘는 홍수 피해사례는 많지 않다. 따라서 5.7억㎥를 준설해도 얼마나 효과가 있을지 미지수다.

수질이 큰 걱정이다. 본류에 보를 막게 되면 호소(湖沼) 상태가 되어 물이 썩게 된다는 것이다. 생태학자들은 유속이 빠른 강에 살던 어류들은 사라지고 호소에 사는 적응력 강한 어종들이 4대강을 지배하게 될 것이라고 예측한다. 정부는 3조 9,000억 원의 오염대책 투자를 해서 오염원을 차단하고 수질을 개선하겠다고 밝히고 있으나, 전문가들은 보 설치로 정체수역이 늘어나 부영양화가 일어나면 수질개선 효과는 기대하기 어렵다는 반론을 펴고 있다.

강을 상수원으로 쓰는 유역주민들의 불안감도 높아지고 있다. 2년간 4대강 전 구간에서 동시 다발적으로 공사를 할 경우 각종 토사 부유물들이 발생해 생태계가 크게 교란될 수 있다. 정부는 낙동강의 주요 대도시인 부산과 대구의 상수원을 4대강 살리기 구간이 아닌 곳으로 이전을 추진 또는 검토 중이다. 그러나 이 부분 역시 낙동강을 포기하는 처사가 아니냐는 지적과 함께 이전지의 동의가 필요한 사업이어서 쉽지만은 않아 보인다.

천문학적인 예산을 편법으로 충당하려 드는 것도 문제다. 애초 13조 8,000억 원으로 발표됐던 4대강 사업 예산은 몇 달 새 22조 2,000억 원으로 눈덩이처럼 불어났고, 나랏돈이 크게 모자란다는 지적이 나오자 그중 8조 원을 수자원공사에 억지로 떠안겨 놓았다. 예산 편성 절차는 물론 국회 심의는 어물쩍 넘어갔다.

많은 전문가들이 낱낱이 지적하고 있듯이, 4대강 사업은 경제적으로, 생태적으로, 문화적으로 타당성을 갖지 못한 사업이다. 그 정체는 '4대강 죽이기'이며 '대운하 살리기'로 요약된다. 그 단적인 예는 단군 이래 최대 규모의 준설과 대형 보·댐의 건설이다. 현 세대는 물론이고 우리 후손들이 천년만년 살아갈 소중한 강들을 사실상 콘크리트 수로와 콘크리트 저수지로 만들어버리는 무모함을 무엇에 견줄 수 있을까.

4대강 사업은 부실한 환경영향평가를 토대로 반드시 선행해야 할 기술적, 공학적 사전 점검이 이뤄지지 않은 상태에서 공사가 시작된다. 이 같은 방식은 홍수 등 예측불가능한 기후변화 상황과 맞물려 엄청난 후유증을 초래할 수 있다. 정부는 이 모든 사업을 2011년까지 끝내겠다고 밝히고 있으나, 전문가들은 "속도전은 자칫 재앙을 초래할 수 있다"고 경고한다.

제2의 하굿둑

4대강 사업의 종착점에 낙동강 하구, 문명에 포위된 애증의 섬 을숙도가 있다. 이곳에도 어김없이 4대강의 파고가 넘실거리고 있다. 하굿둑이 야기한 자연파괴와 생태계 교란 문제가 정리되기도 전에, 정부는 낙동강 하구에 제2하굿둑 건설을 강행하고 있다. 뱃길 복원을 위해 강의 물그릇을 키우겠다는 '4대강 사업'의 귀결이다.

국토해양부 등이 2009년 7월 발간한 〈낙동강 살리기 환경영향평가〉 초안에 따르면, 낙동강 전역의 물그릇이 커지면서 하구의 배수 용량이 증가해 추가 시설이 불가피하다고 분석하고 있다. 배수시설은 을숙도 서쪽 제방 도로에 건설된다. 규모는 기존 하굿둑과 비슷한 형태로, 길이 47.5m(높이 9.2m)의 댐식 주수문 6기다. 기존 하굿둑의 복사판이다. 사업비는 총 2,366억 원. 엄청난 규모의 하굿둑이 새로 들어서는 것이다.

이에 대해 한국수자원공사 부산권관리단 측은 "홍수위를 낮추기 위해 몇 년 전부터 정부에 건의한 사업이며 운하 관련 시설은 아니다"라고 해명하지만, 환경단체들은 하굿둑을 영구 존치하려는 발상이라고 강하게 비판한다.

이에 앞서, 정부는 '낙동강 유역종합치수계획'을 수립하면서 생태계에 악영향을 미치는 골재 준설량을 4년 전보다 5배나 늘려 산정했다. 2012년까지 선박 통행이 가능한 '수심 6m'를 확보하기 위해서다. 정부 자료를 보면, 낙동강 하구~경북 상주(내성천~반변천 포함) 323㎞ 구간의 골재 채취량은 4억 4,600만㎥에 달한다. 이는 지난 2005년 수립된 '낙동강 유역종합치수계획'의 적정 준설량 8,600만 ㎥에 비해 무려 5.18배가 늘어난 것이다. 4억 4,600만㎥ 준설은 폭 200m 기준으로 낙동강 바닥을 6.9m 깊이까지 파내야 가능하다. 연간 낙동강 평균 준설량(약 2,000만㎥)의 22배다.

낙동강의 위기는 준설에서 그치지 않는다. 국토해양부 계획에 따르면 낙동강에는 2012년까지 ▪본류에 높이 9~12m의 보 8개 ▪상주~안동 구간에 소수력댐 시설 2개 ▪주요 지류에 신규 댐 3개가 들어선다. 뿐만 아니라 본류로 유입되는 지류마다 낙차공(落差

정부의 4대강 사업에 따라 제2하굿둑이 들어서게 될 을숙도 서편 도로 부분(점선 부분).

工·수로 중간에 기울기의 조절을 위해 설치하는 구조물) 95개가 만들어진다. 낙동강이 온통 콘크리트 구조물에 뒤덮힐 판이다. 이렇게 되면 생물 서식 공간이 줄어들고, 홍수 피해가 우려되며 갈수기 수질오염을 피하기 어렵다. 하천 생태계의 토대를 뒤흔드는 내용이다.

그럼에도 정부는 물그릇을 키워야 대처할 수 있고, 장기적으로 수자원을 안정적으로 확보할 수 있다고 주장한다. 가히 황소고집이다. 물그릇을 이처럼 키우다보니 낙동강 하구에 대형 배수시설이 필요하다는 것이 정부의 논리다.

하굿둑은 많은 부작용을 초래한다. 대형 인공구조물이 강을 막게 됨으로써 생태계 단절이 심화되고 생물종 다양성이 위협받는다. 쉬운 말로 어도를 설치한다지만, 어도가 고기길로서 제 기능을 못한다는 것은 주지의 사실이다. 무엇보다 정부의 계획은 생태계 복원을 위해 기존의 하굿둑을 아예 개방해야 한다는 지역 여론과 정면 배치된다.

하굿둑 하나도 모자라 제2하굿둑을 만들겠다는 토건적 발상이 무섭기만 하다. 우리는 언제쯤 네덜란드처럼 댐과 둑을 허물어 하천의 자연성을 되찾아줄 수 있을까. 과연 그런 날이 오기는 할까. 분명한 것은 또 하나의 하굿둑이 낙동강의 꽁무니를 막을 경우, 낙동강 하구의 기수생태계 복원은 영영 물거품이 되고 만다는 사실이다.

처절한 희망가

을숙도는 이제 새들의 낙원이 아니다. 새들의 에덴을 우리가 빼앗았다. 을숙도는 우리들의 실낙원이다. 에덴에서 쫓겨난 아담의 후예들은 다시 복낙원을 꿈꾸며 처절한 희망가를 부른다. 새가 날고 물 맑은 섬, 을숙도를 乙·淑·島로 되돌리려는 몸부림이다. 그곳에 누가 어떤 미래의 새(鳥)집을 지을 것인가.

유쾌한 상상이 필요하다. 환경운동 차원에서 진지하게만-사뭇 투쟁적으로만- 접근할 게 아니라, 을숙도를 바꾸는, 부산을 바꾸고 대한민국을 푸르게 일렁거리게 하는 유쾌한 상상 말이다.

을숙도의 미래 설계는 겸허한 성찰과 반성적 토대 위에서 진행돼야 한다. 반성 없이는 미래가 없다. 가슴에 손을 얹고 우리 내부의 개발주의에 대한, 개발세력의 탐욕에 대한 반성이 있어야 한다. 역사에서 배우지 못한 국민은 불행해진다.

을숙도는 30여 년간 첨예한 환경파괴 논쟁에 휘말린 땅이다. 치열한 공방이 있었으나, 거의 대부분은 '개발군'이 깃발을 꽂는 식으

을숙도 남단의 낙조 풍경. 누가 이곳의 장엄한 평화를 지켜줄 것인가.

로 귀결되었다. 보존군이 어떻게 이겼다는 기록은 보이지 않는다.
보존군이 절망할 정도로 우리 사회의 개발 선호현상은 정도가 심
하다.

논쟁의 방식이 어떠했든, 또 누가 이기고 졌든, 그것은 기록으로
남아 수레바퀴가 되어 굴러간다. 이를 역사라고 한다면, 우리의 성

찰과 반성은 진지하고 생산적이어야 한다. 역사에서 배우자는 이야기다.

하굿둑과 명지대교는 을숙도라는 순결한 자연을 유린하면서 엄청난 사회적 비용을 치르고 건설됐다. 어떤 면에서 자연을 파괴하고 놓인 '오만·오명의 산물'이다. 이 오명을 내러티브(스토리텔링)로 전환하여 지역적, 지구적 통찰의 현장으로 만들 수 없을까. 생태파괴라는 전력을 숨길 게 아니라, 반성적 성찰을 통해 당당히 드러냄으로써 생태적 상상의 원천, 인간과 생명의 새로운 순환질서를 만들어보자는 이야기다. 가령 이런 구호는 어떤가. '우리들의 실낙원 을숙도에 에코 세상을 연다!'

지구촌 곳곳에서는 지금 '녹색 상상 프로젝트'가 한창 진행 중이다. 1991년 미국 애리조나 주 사막에서 시도됐던 '바이오스피어2'가 그런 실험이다. 거대한 인공 돔을 세우고 그 안에 농사·주거·생태 구역을 만들었다. 이른바 작은 생태계, 인공지구다. 그곳에서 8명이 살면서 자급자족이 가능한지 시험했다. 그런데 산소 부족과 거주민 간의 갈등으로 2년 만에 시험은 중단되었다. 의미 있는 실패였다. 그후 이 같은 벤처 정신은 다른 지역·나라로 번져나가 비슷한 실험이 이어지고 있다. 영국·일본 등지에서는 이산화탄소 배출을 제로화하면서 생활하는 신공동체 실험이 시도되고 있다. 국내에서 벌어지는 마을 공동체 운동도 이러한 맥락이다.

을숙도는 낙동강 하구의 십자가였다. 이곳보다 더 드라마틱한 생태 파괴의 현장은 찾기 어렵다. 따라서 다크(Dark) 투어리즘(Tourism) 개념을 을숙도에 적용할 수 있다. 을숙도의 준설토 적치장, 쓰레기 매립장, 분뇨처리장 시설, 명지대교 등을 산업 문화유산으로 본다면 전혀 다른 가치를 발견할 수 있다.

예컨대 습지구역 일부에 해저수족관 같은 투명유리돔을 만들어 이탄층과 갈대의 뿌리, 습지 동식물을 관찰하게 한다. 쓰레기 매립장에도 이런 시설을 만들어 매립 내용을 생생하게 보게 할 수도 있

승학산에서 바라본 을숙도와 서부산권.

다. 을숙도 남단의 분뇨처리장에 '밥과 똥'이란 학습관을 만들면 호기심 천국이 되지 않을까.

발상의 전환이 필요하다. 산업 문화유산을 부끄럽게 생각하지 않는다면 얼마든지 시도해 봄직한 아이디어들이다. 세계적 생태관광지가 되려면 다른 곳과 다른, 확실히 차별되는 볼거리가 있어야 한다. 선진국의 생태 투어리즘을 베껴서는 을숙도다운 차별성을 얻기 어렵다.

낙동강 하구 전체를 조망할 수 있는 아미산 전망대도 달리 봐야 한다. 단순 전망대로 기능하게 할 게 아니라, 하구의 조류 및 어류의 변화상을 연구하고, 그 결과를 보여주는 살아 있는 생태조망관으로 만들어야 한다. 안으로만 보지 말고 바깥(외국)도 봐야 한다.

자산 측면에서 보면, 을숙도 일원은 생태관광지가 될 조건을 두

을숙도의 낙조.

루 갖추고 있다. 난개발의 후유증만 정리한다면, 천혜의 자연이 의미 있는 자원이 된다는 것이다. 을숙도 에코센터를 위시해 을숙도 하단부의 인공습지, 명지 갯벌, 다대동의 아미산 전망대, 대마등, 신자도 같은 모래섬은 어디를 막론하고 좋은 의미든, 반성의 의미든 스토리텔링이 가능한 생태관광 자원이다. 가령 진우도의 자연 조건을 십분 활용한다면 춘천의 남이섬 못지않은 생태관광지로 가꿀 수 있다.

간과하지 말아야 한 것은, 어떤 경우나 접근에 있어서도 을숙도의 수난사, 인간이 자연에 가한 학대의 역사를 기억해야 한다는 점이다. 반성적 성찰이나 생태적 통찰, 미래 비전에 대한 역사적 전망 없이는 어떠한 프로젝트도 무망하다. 을숙도를 세계적 에코관광지로 만든다는 부산시와 부산발전연구원의 보고서들이 공허해지는 것도 이 지점이다. 반성과 성찰 없이, 과오에 대한 자책 없이 어떤 미래를 설계할 수 있을 것인가.

천성산 지킴이 지율 스님은 을숙도를 '신들의 정원'이라고 했다. 침범해서는 안 될 새들의 영역, 아름다운 생명의 터전이라는 뜻이다. 많은 것이 사라지고 무너져버린 지금도 을숙도는 여전히 '신들의 정원'이다. 을숙도에 깃들어 사는 생명붙이들이 하늘의 신과 내통하는 새들인 탓이다. 새들의 영혼이 아름답고 순결한 만큼 을숙도도 그러할 수밖에 없다.

근대화와 막개발의 소용돌이 속에서 거의 만신창이가 됐지만, 을숙도는 복원·재생이란 키워드를 한시도 놓은 적이 없다. 인간이

가하는 개발 삽날이 가혹하면 가혹할수록 을숙도는 더 크게 가슴을 벌려 세상을 받아 안았다. 자연의 도저한 복원력이요 포용력이다.

을숙도는 어머니의 땅이다. 상처 난 갯벌에 새로 돋는 수초와 다시 일렁거리는 갈대숲의 바람을 보라. 갇힌 강물이 하굿둑 수문이 열림과 동시에 우우~ 와와~ 바다를 향해 쏟아지며 내지르는 함성을 들어보라. 잠시도 가만있지 못하고, 꿈틀대고 나부끼며 흔들리는 저곳이 부활이 아니면 무엇인가.

을숙도 철새공화국은 영원히 스러지지 않을 나라다. 포탄에 쑥대밭이 되고 점령군이 갖은 만행을 저질러도 다시 오뚝이처럼 일어서는 땅이다. 공화국 수비대를 자처해온 환경단체들은 "절박한 현실, 그래서 우리는 다시 시작한다"고 다짐한다.

새들의 땅 을숙도 철새공화국을 우리가 잊지 않는다면, 사무치는 추억의 끈을 놓지 않는다면, 생태적 상상력의 보고로 만든다는 믿음을 지킨다면, 을숙도는 다시 새들을 불러와 '새 울고 물 맑은 섬 乙·淑·島'로 남아 있을 것이다.

을숙도 편지

당신, 무슨 생각을 하나요.

지난밤 당신의 잠든 얼굴을 보다가 문득 놀랐어요. 까칠해진 이마, 부르터진 입술이 안쓰럽더군요. 이리 치이고 저리 치이면서 지칠 대로 지친 몸. 그래도 흐르는 일이 소임이라 흘러야 한다며 흐름을 천직으로 여기는 당신. 때론 막히고도 흐름을 그칠 줄 모르던 힘

찬 당신도 이제 지쳤나 보군요. 눈자위에 눈물 자국이 꾹꾹 찍혔어요. 세상의 손수건으로 지울 수 없는 자국인지라 그냥 마르게 놔둬야 할 테지만, 당신은 운 것이 분명했어요.

을숙도 남단의 갯벌지대.

다시는 슬픈 노래를 부르지 말라고 했지요. 슬픈 노래는 싫어요 그 노래는 제발 틀지 마세요라고 소리치고 싶지만, 세상은 호락호락 마음대로 되지 않으니, 그 또한 안타까움이네요. 강변엔 이미 포연이 자욱이 깔렸고 포클레인 부대가 막 진주할 참이라오. 종래 이긴 자도 진 자도 없을 싸움을 사생결단 싸우는 꼴이라니, 우습고 어이없고 슬프더이다.

당신, 당신을 생각하면 속절없이 가슴이 뜁니다. 저 강원도 태백 두메산골에서 출발한 작은 물줄기가 마라톤 선수처럼 왕왕 달려 삼랑 여울목을 지나 하구까지 흘러내릴 적 우렁우렁 울려 퍼지는 강의 노래! 봉화, 안동, 예천, 상주, 구미, 대구, 합천, 창녕, 함안, 밀양, 양산, 김해, 부산까지 어느 한 곳 당신의 숨결 아닌 곳이 없고 눈물 아닌 곳이 없으며 기쁨 아닌 곳이 없습니다. 이 물길이 이 나라의 정기가 되고 유전자가 되며 우리 혈관의 핏줄이 되었으니 어찌 가슴이 뛰지 않으리오.

햇살을 둘러메고 별빛과 달빛을 이불 삼아 사는 당신. 아프군요.

을숙도 상공을 나는 새들.

강변의 바람소리, 물소리, 새소리, 낙엽소리, 갈댓잎 스치는 소리
가 모두 아픔이군요. 하지만 하늘 푸른 이 땅에서 아프다고만 말하
는 것이 더 아프군요. 두메와 도시의 꿈과 희망, 평화, 갈등, 근심
걱정, 분노까지 아라리에 녹여 굽이굽이 한 물로 흐르던 당신의 강
이 한없이 그립군요.

등이 시려옵니다. 이 땅의 어린 새끼들을 업어서 키운 위대한 등.
눈물도 한숨도 모두 짊어지고 떠나갈 당신의 등.

새끼들이 모두 떠난
사람의 쭈그러진 늙은 등은
허전하여
바라볼수록 눈물이 난다

위대하여라 등이여
이 땅의 모든 새끼들을
업어낸 외로움이여

—이도윤 〈등〉

　당신, 이제 눈물을 닦아요. 그리고 다시 일어서요. 아파만 하고
있기엔 강변의 모래밭, 산자락 밭자락의 흙내가 너무 붉군요. 그
붉은 기운을 강물에 풀어 흐르는 강으로 돌아와요. 물이 떠나가며
바치는 이 넓디넓은 사랑. 쓰러지고 쓰러져도 다시 일어서는 새들
의 날갯짓. 속으로 조용히 울면서도 바람이 불면 춤을 추는 갈대.
당신, 눈물을 거두고 등을 더 세차게 토닥여줘요. 그리고 노래를
불러요, 흐르는 강의 노래를.

부록

을숙도 100년사 연보 | 낙동강 하구 문화거점 지도 | 낙동강 하구 문화재보호구역 해제 현황 지도

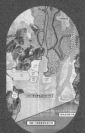

을숙도 100년사 연보

1900년 초	을숙도 사주(모래톱) 형성 추정
1910.	을숙도 내 크고 작은 갯골 발달
1950년대 중반	을숙도 남쪽으로 장자도, 진우도 발달
1950년대	을숙도에 부산시 산화분지 분뇨처리
1966.	요산 김정한, 소설 〈모래톱 이야기〉 발표
1966. 7. 13.	을숙도 등 낙동강 하구 문화재보호구역 지정
	(천연기념물 179호 철새도래지, 총면적 9,560ha(109.372㎢))
1970년대	신자도(새등), 백합등 조성
1973. 6.	부산시 감전동에 분뇨위생처리장 건설, 협잡물 제거 을숙도 이송
1974~77.	낙동강 하굿둑 건설 타당성 조사
1982. 10.	환경부, 을숙도 일원 연안오염특별관리구역 지정(109.327㎢)
1983. 4. 23.	낙동강 하굿둑 기공
1987. 11. 16.	낙동강 하굿둑 완공(을숙도, 일웅도 통합)
1988. 12.	건교부, 을숙도 일원 자연환경보전지역 지정(64.1㎢)
1989. 3.	환경부, 을숙도 일원 자연생태계보전지역 지정(34.21㎢)
1992. 6.	을숙도 남단 해양처리장에서 분뇨 해양 이송
1993. 6.~ 95. 10.	을숙도 1차 쓰레기 매립장 조성(면적 29만 7,654㎡)
1993. 12.	명지대교 도시계획시설(도로) 결정 및 지적고시(부산시)
1995~97.	을숙도 서남단(약 45만 2,800㎡), 대마등(약 33만㎡),
	신호리(약 14만 8,700㎡) 3곳 인공 철새도래지 조성(총 120억 원 투입)
1995. 11.~ 97. 12.	을숙도 2차 쓰레기 매립장 조성(면적 19만 1,740㎡)
	※1~2차에 걸쳐 4년 5개월간 총 472만 8,300t의 쓰레기 매립
1996.	명지대교 민자유치 사업 선정, 직선형 교량 입안(부산시)
1999. 8.	환경부, 습지보호구역 지정(34.21㎢)
2001. 11.	'낙동강 하구 을숙도 명지대교 건설반대 전국연대' 결성
2001. 12. 16.	'을숙도 철새공화국' 선포(환경단체)
2002. 2.	문화재청, 명지대교 '직선형 우회 노선안' 심의 통과
2002. 3.	명지대교 민간투자사업 양해각서 체결(부산시·롯데건설)
2002. 10. 20.	'을숙도 철새공화국 비상사태' 선포(환경단체)

2003~2005	을숙도 생태복원사업(해수습지 등 40만 3,000㎡, 218억 원 투입)
2004. 1.	명지대교(주)와 민간투자사업 실시협약 체결(부산시)
2004. 2. 1	'을숙도 철새공화국 수비대' 창설(환경단체)
2004. 2.	명지대교 기공식
2005. 6. 8.	낙동강유역환경청 명지대교 허가(습지보호구역 개발 허용 첫 사례)
2005. 6. 13.	명지대교 공사착공금지 등 가처분신청(환경단체)
2006. 3.	명지대교 공사착공금지 가처분 신청 기각
	(2006. 6. 항고 기각, 2006. 11. 재항고 기각)
2007. 6.	낙동강하구에코센터 개관(147억 원 투입)
2008. 10.	부산야생동물치료센터 개설
2009. 6.	정부, 4대강 사업 발표(제2의 낙동강 하굿둑 추진)
2009. 7. 15.	부산시 지명위원회, 명지대교를 '을숙도대교'로 변경 결정
2009. 10. 29.	을숙도대교(명지대교) 개통식

낙동강 하구 주요 생태·문화관광 거점

● 분산성
고인돌●
김해박물관● ● 수로왕비릉
고분군●
● 수로왕릉
● 조개무지

● 어촌민속전시관
▶ 대저수문
화명고수부지

대저고수부지

치등

삼락고수부지

둔치도
감전야생화단지
맥도강
염막고수부지

녹산수문

승학산

범례

자연 생태계와 경관이 우수한 곳
● 습지와 식생
● 연안사주
● 갯벌

탐조공간
▶ 육로를 이용한 철새 탐조지역
▶ 배를 이용한 탐조

조망이 탁월한 곳
▲ 산지
□ 성

문화체험
● 문화유적
● 박물관 및 전시관

● 명지갯벌
신호끝자락 ▶
명지주거단지
신호갯벌 ●
대마등
진우도
장자도
선착장
맹금머리등
백합등
아미산
신자도
몰운대성당
가덕도
도요등
● 다대포갯벌

자료 : 부산발전연구원

낙동강 하구 문화재보호구역 해제 현황

- 낙동강 하구 일원 문화재보호구역은 1966년 7월 13일 천연기념물 제179호(낙동강 하류 철새도래 지. 면적 2억 4,793만㎡)로 지정되었지만, 9차례에 걸친 보호구역 해제로 총 1,603만 2,754㎡가 풀려 현재 2억 3,190만㎡ 정도가 남았다.
- 부산시는 최근 주변 여건이 많이 변해 105.06㎢인 문화재구역 가운데 53.04㎢(50.4%)를 지 정 해제하고 대신 하구 사주 남쪽 바다 5.81㎢를 새로 지정하자는 안을 내놓았다.

〈정부가 5개 법으로 지정한 낙동강 하구 보호구역 현황〉

보호구역 명	면적(㎢)	지정일	관련부서
문화재보호구역(철새도래지역)	109.327	1966. 7	문화체육부(현 문화관광부)/ 문화재청(천연기념물 제179호)
연안오염특별관리구역	129	1982. 10	환경부
자연환경보전지역	64.1	1988.12	건설교통부(현 국토해양부)
자연생태계보전지역	34.21	1989. 3	환경부/낙동강유역환경청
습지보호지역	34.21	1999.8	환경부/낙동강유역환경청

〈낙동강 하구 주요 조류 도래 현황〉

1. 천연기념물

고니(제201호), 재두루미(제203호), 흑두루미(제228호), 저어새(제205호), 노랑부리저어새(제205호), 황새(제199호), 노랑부리백로(제361호), 개리(제325호), 흰꼬리수리(제243호), 참수리(제243호), 새 매(제323호), 잿빛개구리매(제323호), 개구리매(제323호), 매(제323호), 황조롱이(제323호), 검은머 리물떼새(제326호), 쇠부엉이(제324호) 등

2. 환경부 지정 보호종

아비, 솔개, 물수리, 조롱이, 말똥가리, 흰죽지수리, 큰기러기, 가창오리, 조롱이, 알락꼬리마 도요, 검은머리갈매기, 고대갈매기 등

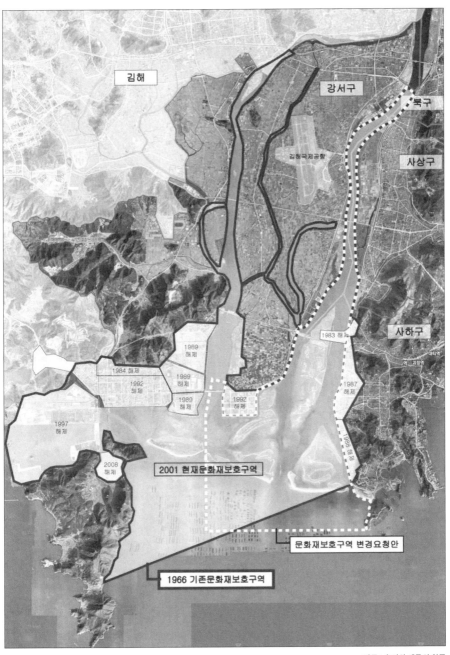

김해

강서구

북구

사상구

김해국제공항

사하구

1983 해제

대티역

괴정역

1969
해제

1984 해제

1989
해제

1992
해제

1989
해제

1992
해제

1987
해제

1997
해제

1998 해제

2008
해제

2001 현재문화재보호구역

문화재보호구역 변경요청안

1966 기존문화재보호구역

자료 : 습지와 새들의 친구

울릉도,
거대한상실

초판 1쇄 발행 2009년 11월 30일

지 은 이 박창희

펴 낸 이 최용범
펴 낸 곳 페이퍼로드
출판등록 제10-2427호(2002년 8월 7일)
　　　　　서울시 마포구 연남동 563-10번지 2층

기　　획 고왕근, 노만수
편　　집 김남희, 양석환
마 케 팅 윤성환
경영지원 임필교
디 자 인 장원석
출　　력 스크린그래픽센터
종　　이 태경지업사
인　　쇄 천광인쇄
제　　본 ㈜상지사 P&B

이 메 일 paperroad@hanmir.com
Tel (02)326-0328, 6387-2341 | Fax (02)335-0334

· 이 책은 관훈클럽신영연구기금의 도움을 받아 저술 · 출판되었습니다.